Heinz Jacobs (Hrsg.)

Ökonomie spielerisch lernen

Kompetenz gewinnen.
Spiele, Rollenspiele, Planspiele,
Simulationen und Experimente

AF151377

Heinz Jacobs (Hrsg.)

Ökonomie spielerisch lernen

Kompetenz gewinnen.
Spiele, Rollenspiele, Planspiele,
Simulationen und Experimente

WOCHEN SCHAU VERLAG

Bibliografische Information der Deutschen Nationalbibliothek

Die Deutsche Nationalbibliothek verzeichnet diese Publikation in
der Deutschen Nationalbibliografie; detaillierte bibliografische
Daten sind im Internet über http://dnb.d-nb.de abrufbar.

Die angegebenen Internet-Links entsprechen dem Stand vom 20.11.2009

Technische Voraussetzung für die Nutzung der Download-links

• Aktueller Internetbrowser

• Programm zum Abspielen von Audio- und Videodateien
  (z. B. Windows Media Player, iTunes, Winamp Media Player)

• Acrobat Reader

• Office-Programm (MS-Office, iWork oder OpenOffice)

Anmerkung zu Kapitel 1: Im Beitrag 1 („Fischerei-Spiel") gibt es eine Verlinkung sowohl
zu MS Powerpoint als auch ins Internet. Beide Links erfüllen die gleiche Funktion.

Liebe Leserin, lieber Leser,

ab dem Nachdruck 2017 bieten wir die zum Buch gehörenden Unterrichtsmaterialien nicht mehr auf DVD, sondern ausschließlich als Download an.

Sie finden die Materialien unter **http://www.wochenschau-verlag.de/download/**

Suchen Sie dort Ihren Titel und laden Sie sich die Materialien herunter.

Zum Öffnen der Zip-Datei verwenden Sie bitte den Code **4552**.

Im ausgepackten Ordner suchen Sie die Datei „start.html".

Durch Doppelklick startet der Browser und bietet Ihnen eine
interaktive Oberfläche an.

Die Verweise auf eine DVD 💿 im Buch bitten wir,
als Verweis auf das Online-Material zu verstehen.

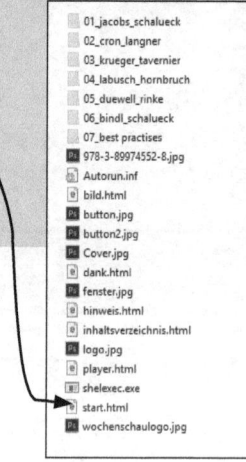

© WOCHENSCHAU Verlag,
Dr. Kurt Debus GmbH
Frankfurt/M., 2. Aufl. 2011

www.wochenschau-verlag.de

Umschlag: Ohl Design
Bild: © V. Yakobohuk – fotolia.com
Gesamtherstellung: Wochenschau Verlag
ISBN 978-3-89974-552-8

TrappenTexte

Arbeitshilfen und Materialien für die Unterrichtspraxis
in Wirtschaft, Politik, Gesellschaft und Recht
für die Sekundarstufen I und II

Heinz Jacobs (Hrsg.)

Ökonomie spielerisch lernen
Kompetenz gewinnen.
Spiele, Rollenspiele, Planspiele,
Simulationen und Experimente

Booklet:

Didaktisch und methodisch aufbereitete Unterrichtssequenzen
Anregungen und Vorschläge für die Unterrichtsgestaltung
best practises – Beispiele

CD:

Spiele, Spielideen, Spielmaterialien
Anregungen für den Einsatz von Spielen im Unterricht
Unterrichtskonstrukte zur Förderung selbstständiger Entscheidungen
Schülermaterialien mit Arbeitsaufträgen als Kopiervorlagen
Ausgearbeitete Rollenkarten, Materialkarten und Ereigniskarten
Lernstationen als Unterrichtskonstrukt und als Instrument für Lernerfolgskontrollen
Training englischsprachiger Business Communication
Excel-Kalkulationstabellen
Audio-Sequenzen
Vorschläge für Leistungsüberprüfungen
Aufgabenlösungen
Internetadressen, Glossar, deutsch-englisches Lexikon

Inhalt Booklet

Inhalt CD

Danksagung

Die TrappenTexte zum Thema Spiele sind das Ergebnis der Sommerakademie, die in den Jahren 2007 und 2008 in Bad Honnef stattgefunden hat.

Mein Dank gilt allen Referenten und gleichzeitig Autoren, die mit hohem Engagement, viel Kreativität und Sachkompetenz ihre Unterrichtskonzepte entwickelt und erprobt haben. Dieser Dank gilt auch dem Wochenschau Verlag, der die TrappenTexte in seine Obhut genommen und mit hoher Sorgfalt Booklet und CD-Materialien erstellt hat.

Außerdem möchte ich allen Damen und Herren, Institutionen, Organisationen und Verlagen danken, die Spiele, Spielideen und Spielmaterialien uneigennützig zur Verfügung gestellt und damit diese TrappenTexte erheblich bereichert haben: Herrn Uwe Berlo (Berlin), Herrn Prof. Mag. Emmerich Boxhofer (Linz), Herrn Prof. Dr. Roman Capaul (St. Gallen), Herrn Frank Langner (Bonn), Herrn Claudius Mühlhäusler (Rheinzabern), Herrn Christoph Müller (Bonn), dem Fuchs Verlag (CH-Rothenburg), dem Staatlichen Seminar für Didaktik und Lehrerbildung (Stuttgart), den Teilnehmerinnen und Teilnehmern des Workshops von Herrn Düwell-Luhnau und Herrn Dr. Rinke, die eigene Lernerfolgskontrollen entwickelt haben (siehe dort), terre des hommes (Osnabrück) und dem Westermann Verlag (Braunschweig).

Ohne ihre Unterstützung hätten diese TrappenTexte nicht in der von allen Beteiligten gewünschten Weise erscheinen können.

Heinz Jacobs

Heinz Jacobs, Andreas Schalück

I. Statt einer Einleitung – Spiele, die unbedingt im Ökonomieunterricht zum Einsatz kommen sollten

Die Impulse, die von sinnvoll eingesetzten Spielen im Unterricht ausgehen, sind oft beschrieben worden, z.b. von Hilbert Meyer: „Spielen im Unterricht ist nicht zweckfrei, sondern ein gezielter Versuch zur Entwicklung der sozialen, kreativen, intellektuellen und ästhetischen Kompetenzen der Schüler."[1] Allerdings dürften Spiele nur dann die gewünschten Kompetenzen vermitteln, wenn sie von gezielter Reflexion begleitet werden. Auch wenn ihr Einsatz eine erhebliche Lernwirksamkeit entfalten dürfte, benötigt er in der Regel ein erhebliches Maß an Aufwand und Zeit. Die hier vorgelegten Unterrichtsbeispiele, Ergebnisse der Sommerakademie Bad Honnef 2007 und 2008, bieten den Fachlehrerinnen und Fachlehrern mit ihren differenzierten didaktischen Hinweisen und umfangreichen Materialien vielfältige Möglichkeiten, anspruchsvolle Spiele im Unterricht einzusetzen. Zusätzlich stellen wir vorab in diesem Einleitungsbeitrag einige Spiele vor, die wir zum Teil selbst aufbereitet, zum Teil aus dem umfangreichen Angebot in der Fachliteratur und im Internet ausgewählt und mit hohem Lernertrag im eigenen Unterricht eingesetzt haben. Diese möchten und können wir gerne weiterempfehlen. Obwohl sie – inhaltlich betrachtet – breit gefächert sind, eignen sie sich alle auch für den Ökonomieunterricht.

---

1   Hilbert Meyer: Unterrichtsmethoden. Band 2 (Praxisband). 7 Aufl., Frankfurt a.M. 1995, S. 344

1. Spielesammlung

Spiel der Stummen 💿 **1.1.1**	
Spielart: ⓘ	Experiment Das Spiel lässt Dominanz- und Unterordnungsverhalten durch Sprache, Mimik und Gestik erfahren und eröffnet Kooperationspotenziale. Somit ermöglicht es einen unmittelbaren Zugang zu Fragen von Gruppenstrukturen und möglichen Hindernissen von Teamarbeit.
Zielgruppe: 👫	Ab 8. Jahrgangsstufe. Jede Gruppe besteht aus fünf Mitspielern, die ein Quadrat nach strengen Regeln zusammenlegen müssen. Schülerinnen und Schüler, die einer Gruppe nicht zugeordnet werden können, fungieren als Beobachter.
Ergänzende Hinweise: 📝	Die benötigten Quadratteile können leicht selbst dank entsprechenden Hinweisen und Illustrationen hergestellt werden. Zusätzlich Spielanleitung und Hinweise zur Auswertung.

Schätzungsspiel 💿 **1.1.2**	
Spielart: ⓘ	Experiment Das Spiel lässt Normierungsprozesse in Gruppen erfahren, wie sie sich z.B. in sozialen Handlungen, Einstellungen und Vorstellungsformen artikulieren: In Situationen völliger Orientierungslosigkeit tendieren Menschen unterbewusst zu einer gemeinsamen Norm. Geschätzt werden Punkte auf fünf unterschiedlich gestalteten Blättern; werden sie laut geschätzt, nähern sich die Schätzergebnisse an (Trichtereffekt).
Zielgruppe: 👫	Ab 10. Jahrgangsstufe. Zwei Gruppen zu je drei Personen, davon eine Versuchsgruppe im Klassen- oder Kursraum und eine Kontrollgruppe mit einem Versuchsleiter (Schüler oder Schülerin) in einem anderen Raum; die übrigen Schülerinnen und Schüler beobachten das Geschehen im Klassen- oder Kursraum.
Ergänzende Hinweise: 📝	Die Materialien enthalten neben Spielanleitung und Spielunterlagen Anregungen zur Auswertung.

NASA-Spiel 🖭 1.1.3

Spielart: ⓘ	Experiment
	Das Spiel wurde von der amerikanischen Weltraumbehörde NASA als Trainingsprogramm für Astronauten entwickelt. Es fordert Prioritätsentscheidungen nach einer Notlandung auf dem Mond, verlangt Argumentationsstrategien und fördert so Kooperations- und Kommunikationsfähigkeit, Verständigungsbereitschaft und Teamgeist.
Zielgruppe: 🚶🚶🚶	Ab 10. Jahrgangsstufe. Die Klasse oder der Kurs können in Gruppen von sechs bis acht Schülerinnen und Schülern aufgeteilt werden. Das Spiel kann variiert werden: zunächst Einzel-, dann Gruppenentscheidungen oder gleichzeitig einzelne Schülerinnen oder Schüler gegen Gruppen. In beiden Fällen kann die in der Regel höhere Leistungsfähigkeit von Gruppen gegenüber dem Einzelnen erfahrbar gemacht werden.
Ergänzende Hinweise: 🖋	Neben den Spielunterlagen liegen Auswertungshilfen und Anregungen zum Auswertungsgespräch bei.
	Alternatives Spiel mit identischem Inhalt: Das Seenot-Spiel http://www.spielewiki.org/wiki/Seenotspiel

Der lange Weg zum Gentechnikgesetz 🖭 1.1.4

Spielart: ⓘ	Brettspiel
	Am Beispiel des Gentechnikgesetzes können die Schülerinnen und Schüler auf spielerische Weise die komplizierten Schritte des Gesetzgebungsverfahrens erschließen und Reformvorstellungen entwickeln. Der Schwerpunkt liegt zwar eindeutig beim deutschen Gesetzgebungsverfahren; eine zusätzliche Modifikation ergibt sich dadurch, dass es sich bei diesem Gesetz um die Umsetzung einer EU-Richtlinie handelt.
Zielgruppe: 🚶🚶🚶	Ab 10. Jahrgangsstufe. Pro Spielbrett können zwei bis sechs Schülerinnen und Schüler beteiligt werden.
Ergänzende Hinweise: 🖋	Das Spiel legt den Schwerpunkt auf die verfahrenstechnischen Abläufe; durch zusätzliche Materialien können auch Inhalte thematisiert werden, wie z. B. die Blockadepolitik des Bundesrates, EU- und nationale Gesetzgebung oder die Wertedebatte zur Gentechnik.

Um welches Delikt handelt es sich? 💿 1.1.5

Spielart: ⓘ	Domino
	Über Fallbeispiele werden Deliktarten des Strafgesetzbuches mit Hilfe des Gesetzestextes begründet zugeordnet (fallgestützte Subsumtion), z.B. Urkundenfälschung, Raub, Diebstahl oder Betrug. Das Spiel dient zur begrifflichen Schärfung von Straftatbeständen im Strafrecht. Die Kenntnis dieser Kategorien ist Voraussetzung, um wirtschaftskriminelle Themen zu behandeln. Da die Fallbeispiele selbst aus dem Bereich der Jugendkriminalität stammen, ist das Spiel auch geeignet, in das Thema Jugendkriminalität einzuführen.
Zielgruppe: 👪	Ab 8. Jahrgangsstufe. Pro Spielexemplar können zwei bis vier Schülerinnen oder Schüler beteiligt werden.
Ergänzende Hinweise: 📝	Das Spiel wird in zwei Versionen angeboten. Den Spielmaterialien liegen Auszüge aus dem Strafgesetzbuch bei.

Arbeitsteilung 💿 1.1.6

Spielart: ⓘ	Simulation
	Mit Hilfe des Kinderspiels „Himmel und Hölle" lassen sich die Auswirkungen der Arbeitsteilung auf die Produktivität spielerisch erfahrbar machen.
Zielgruppe: 👪	Ab 8. Jahrgangsstufe. Empfohlen werden zwei bis vier Arbeitsgruppen. Die vorgeschlagene Auswertung des Spiels sollte je nach Altersgruppe variiert werden, ebenso der Modellcharakter thematisiert werden.
Ergänzende Hinweise: 📝	Zahlreiche Versionen des Faltspiels mit unterschiedlichen Schwierigkeitsgraden finden sich unter: http://www.mathematische-basteleien.de/himmel_und_hoelle.htm

Papiertüten-Spiel 🖱 1.1.7

Spielart: ⓘ	Simulation
	Am Beispiel Indiens lassen sich mit der wettbewerbsähnlichen Herstellung von Papiertüten aus Altpapier Lebensbedingungen in einem Entwicklungsland erfahrbar machen. Einkaufspreise für Rohmaterial werden mit den Verkaufspreisen und elementaren Lebenshaltungskosten in Beziehung gesetzt. (Stand 2005)
Zielgruppe: 🚹🚹	Sekundarstufe I, jede beliebige Klassengröße.
Ergänzende Hinweise: 📝	Die Materialien führen in die Thematik, die Simulationsbedingungen und die Nachbereitung ein. Benötigte Materialien: Spielgeld, Tapeten- oder Mehlkleister, Papier, große Mengen Zeitungspapier und eine Plastikfolie

Fischereispiel 🖱 1.1.8

Spielart: ⓘ	PC – gestützte Simulation
	Das Spiel lässt Schülerinnen und Schüler in der Rolle von Fischern Erfahrungen unter verschiedenen situativen Vorgaben sammeln. Dabei geht es um Konkurrenz und Gemeinwohl, Gefährdung und Verteilung eines existenzsichernden Gemeinschaftsgutes. Das Spiel eignet sich für die Erschließung verschiedener Themen, z. B. Umwelt, Nachhaltigkeit, Gesellschaftsvertrag oder Wertebildung.
Zielgruppe: 🚹🚹	Ab 8. Jahrgangsstufe. Die Klasse oder der Kurs wird in fünf Spielgruppen aufgeteilt, jede Gruppe vertritt ein Fischereiunternehmen am Computer – eine gelungene rechnerische und optische Bildschirmanimation.
Ergänzende Hinweise: 📝	Computergestütztes Programm mit einer Powerpoint-Präsentation, die das Spiel vorstellt, und einer Excelanwendung, die es in Echtzeit auswertet. Auf Seite 62 ff. und 🖱 7.1.1 und 7.1.2 legt Gregor Pallast eine eigene Unterrichtskonzeption des Spiels vor. Siehe auch: http://www.iconomix.ch/de/module/detail/m06a/

VWL-Quiz: Konjunktur und Beschäftigung 💿 1.1.9

Spielart: ⓘ	Brettspiel (Excel-Datei)
	Mit Wissensfragen auf drei unterschiedlichen Niveaustufen und Ereigniskarten werden die im Unterricht erworbenen Kenntnisse über die Bereiche Konjunktur und Beschäftigung spielerisch und handlungsorientiert wiederholt bzw. überprüft. Aktuelle wirtschaftspolitische Inhalte werden zwar nicht behandelt, können aber leicht durch weitere Ereigniskarten ergänzt werden.
Zielgruppe: 👥	Sekundarstufe II. Pro Spielfeld können zwei bis sechs Schülerinnen und Schüler beteiligt werden.
Ergänzende Hinweise: 📝	Die Spielmaterialien sind sehr umfangreich und in drei fachliche Niveaus aufgeteilt. Daraus ergeben sich zahlreiche Einsatzmöglichkeiten je nach Zeit und unterrichtlichen Anforderungen.

Spiele aus der experimentellen
Wirtschaftsforschung 1.1.10

Spielart:	Experiment

Die experimentelle Wirtschaftsforschung bietet inzwischen eine Fülle von Spielen und Spielfigurationen an. Im Gegensatz zum Bild vom homo oeconomicus als einem eigennützig, schlau und rational handelndem Wesen kann spielerisch durch die Experimente der Nachweis erbracht werden, dass ethische Prinzipien einen wesentlichen Teil des Wirtschaftslebens bestimmen, z.b. Fairness, Gerechtigkeit, Solidarität oder Kooperation. Die Spiele sind so aufbereitet, dass sie im Unterricht generell eingesetzt werden können. Sie eignen sich aber besonders für themenspezifische Lernarrangements. Die Themen reichen von der Analyse wirtschaftlichen Verhaltens im Haushalt bis zur Analyse von Marktprozessen, von Tarifkonflikt bis zur Steuer- oder Umweltpolitik. Folgende Spiele zur Deutung strategischer Entscheidungssituationen werden vorgestellt:

- Diktatorspiel

- Ultimatumspiel

- Gefangenendilemma-Spiel

Zielgruppe:	Sekundarstufe II
Ergänzende Hinweise:	Die Ergebnisse aus den Befragungen im Unterricht sind nicht verallgemeinerbar. Es empfiehlt sich deshalb, sie mit repräsentativen Ergebnissen aus der Fachliteratur in Beziehung zu setzen.

Literatur: G. A. Akerlof, R. J. Stiller: Animal Spirits. Wie Wirtschaft wirklich funktioniert. Frankfurt/New York 2009

2. Anregungen

Kurze Vorstellung weiterer Unterrichtsspiele 1.2.1

Hier stellen wir Spiele vor, die wir nicht auf der CD präsentieren können, aber für den Ökonomieunterricht empfehlen:

- Deutscher Gründerpreis für Schüler

- Ecopolicy

- Planspiel Börse

- Schul/Banker

- SimEconomy

- SkateUp

Spiel-Generator für Domino-Spiele 1.2.2

Die Excel-Dateien eignen sich in besonderer Weise dazu, eigenständig Domino-Spiele für alle sozialwissenschaftlichen Bereiche und Jahrgangsstufen zu erstellen. Einsetzbar sind die Spiele in unterschiedlichen Unterrichtssituationen, zum Einstieg in ein Thema, zur Vertiefung einer Unterrichtseinheit oder zur Lernzielkontrolle. Der Generator wird in zwei Versionen präsentiert, die sich im Umfang der Spielgestaltung unterscheiden.

Links zu Angeboten und Besprechungen von Unterrichtsspielen **1.2.3**

- Arbeitskreis „Simulation und Planspiele" (Hamburg)
- Business Training International (BTI)
- BizziNet – Das Portal für wirtschaftsbezogene Bildung
- Bundesarbeitsgemeinschaft Schule/Wirtschaft
- Bundesinstitut für Berufsbildung (BIBB)
- Bundeszentrale für politische Bildung (BpB)
- Didaktischer Koffer
- Ernst Schmidheiny Stiftung
- Onlineplanspiele.de
- Ruhrforschungszentrum (RFZ)
- TOPSIM
- WIGY e.V.
- Wirtschaft und Schule (Neue Soziale Marktwirtschaft)
- Zentrum für ökonomische Bildung Siegen (ZÖBIS)

3. Literatur und Web-Tipps

- Ulrich Blötz (Hrsg.): Planspiele in der beruflichen Bildung – Auswahl, Konzepte, Lernarrangements, Erfahrungen – Mit CD-ROM. 5. Auflage, Bielefeld 2008
- Andrea Haus: Classrooms Experiments. Ökonomische Experimente als Unterrichtsmethode. Schwalbach/a.Ts. 2009
- Heinz Klippert: Methodentraining. Übungssteine für den Unterricht. 14. Auflage, Weinheim/Basel 2004
- Thomas Retzmann (Hrsg.): Methodentraining für den Ökonomieunterricht. Schwalbach/a.Ts. 2007
- Lothar Scholz: Spielerisch Politik lernen. Methoden des Kompetenzerwerbs im Politik- und Sozialkundeunterricht. 2. Auflage, Schwalbach/a.Ts. 2004
- Günther Seeber (Hrsg.): Befähigung zur Partizipation. Gesellschaftliche Teilhabe durch ökonomische Bildung. Schwalbach/a.Ts. 2009 (Der Band enthält zwei Beiträge zu Experimenten und Spielen.)
- http://www.lehrer-online.de/planspiel-im-unterricht.de.php
- http://www.sowi-online.de/methoden/dokumente/weberho.htm
- http://www.deutschlandundeuropa.de/50_05/spiele.pdf

Cristina Cron, Frank Langner

II. Spielend lernen!
Zur Didaktik von Lernspielen
am Beispiel der Wettbewerbspolitik

1. Theoretische Aspekte

Das Potenzial von Lernspielen in der sozialwissenschaftlich-ökonomischen Bildung steht nach wie vor in einem Missverhältnis zu der tatsächlichen Verwendung solcher Spiele in schulischen Lehr- und Lernprozessen. Zwar beinhalten Unterrichtsmaterialien, Schulbücher und Arbeitshefte zunehmend Spielvorlagen und -materialien, die spielerische Unterrichtskonzepte prinzipiell ermöglichen. Aus Untersuchungen zur Methodenvielfalt im Unterricht ergibt sich jedoch, „dass spielerische Lernarrangements eher wenig Berücksichtigung im Unterrichtsalltag finden"[1]. Zudem reflektieren die sozialwissenschaftlichen Fachdidaktiken den Einsatz von Lernspielen kaum. So findet sich in einem aktuellen Kompendium zur ökonomischen Bildung, das eine Zusammenstellung relevanter Lehr- und Lernmethoden umfasst, kein expliziter Hinweis zu derartigen Spielen[2]. Dennoch lohnt sich die Beschäftigung mit Lernspielen: Die wenigen domänenspezifischen Ansätze, die sich mit Lernspielen auseinandersetzen[3], unterstreichen im Einklang mit der allgemeinen Spielpädagogik[4], dass

---

1 Lothar Scholz: Spielend lernen: Spielformen in der politischen Bildung. In: Wolfgang Sander (Hrsg.): Handbuch politische Bildung, 3.,völlig überarb. Aufl., Schwalbach/ Ts. 2005, S. 547
2 Vgl. Reinhold Hedtke, Birgit Weber (Hrsg.): Wörterbuch Ökonomische Bildung, Schwalbach/Ts. 2008. Ähnlich bei Dieter Euler, Angela Hahn: Wirtschaftsdidaktik, 2., akt. Aufl., Bern/Stuttgart/Wien 2007; Hermann May: Didaktik der ökonomischen Bildung, 7., unveränd. Aufl., München/Wien 2009; Franz-Josef Kaiser, Hans Kaminski: Methodik des Ökonomie-Unterrichts. Grundlagen eines handlungsorientierten Lernkonzepts mit Beispielen, Bad Heilbrunn 1994
3 Vgl. Roland Feldmann, Walburga Krug: Spiele und Politische Bildung. In: Materialien zur politischen Bildung (1987) 4, S. 76-82; Heinz Klippert: Spielen und Lernen. In: arbeiten + lernen 11 (1990) 67, S. 8-14; Lothar Scholz: Spielerisch Politik lernen. Methoden des Kompetenzerwerbs im Politik- und Sozialkundeunterricht, Schwalbach/Ts. 2003
4 Vgl. einführend Hilbert Meyer: UnterrichtsMethoden. Praxisband, 5. Aufl., Berlin 1987

Lernspielen eine wesentliche Funktion im fachbezogenen Lerngeschehen zukommen kann. Die Gründe hierfür lassen sich nach allgemeinen und fachspezifischen Aspekten darstellen. Bevor die Gründe genannt werden, soll jedoch geklärt werden, was unter Lernspielen zu verstehen ist.

1.1 Lernspiele in der ökonomisch-sozialwissenschaftlichen Bildung

Lernspiele sind unter didaktischen Gesichtspunkten gerechtfertigte oder durchzuführende Regelspiele, die (aus der Perspektive des Lehrers) den Zweck verfolgen, Unterrichtsgegenstände zu erschließen oder einzuüben[5]. Anders als im gängigen (fach-)didaktischen Diskurs wird die Funktion von Lernspielen also nicht auf die „Wiederholung kognitiv erworbener Kenntnisse"[6] beschränkt, sondern postuliert, dass Lernspiele auch in der Anbahnung von Lernprozessen eine zentrale Rolle spielen können. Je nach Spielkonzept kann diese Anbahnung darin bestehen, dass eine Neugier geweckt und eine Lernbereitschaft erzeugt wird, oder auch darin, dass den Schülerinnen und Schülern fachbezogene Entdeckungen ermöglicht werden.

Spiele, die der obigen Definition genügen, lassen sich im Allgemeinen in

* Rätsel- und Quizspiele,
* Lege-, Zuordnungs- und Kombinationsspiele sowie
* Brett-, Würfel- und Kartenspiele

unterteilen[7]. Der Einsatz dieser Spiele unterscheidet sich von anderen methodischen Formen der Anbahnung bzw. Festigung und Anwendung erarbeiteten Wissens durch den *spielerischen Charakter*, der sich in mindestens drei Merkmalen ausdrückt[8]:

* Fiktion: Lernspiele finden in einer Scheinwelt statt. Ereignisse, die im Rahmen des Lernspiels auftreten, bleiben in der Wirklichkeit i.d.R. ohne Konsequenzen. Das bedeutet insbesondere, dass Lernspiele sich nicht zu Zwecken der Leistungsüberprüfung eignen. Zugleich eröffnet dieses Merkmal erhebliche Lernchancen, weil mittels Lernspielen

---

5 Vgl. Gunnar Hermann: Lernspiele im handlungs- und erfahrungsorientierten Geschichtsunterricht. In: Geschichte in Wissenschaft und Unterricht 55 (2004) 1, S. 5
6 Birgit Weber: Handlungsorientierte Methoden. In: Bodo Steinmann, Birgit Weber (Hrsg.): Handlungsorientierte Methoden in der Ökonomie. Ein Sammelband mit 31 Beiträgen für die Unterrichtspraxis, Neusäß 1995, S. 40
7 Scholz, a.a.O. (2003), S. 138
8 Vgl. Meyer, a.a.O., S. 342 f.

ökonomisch-sozialwissenschaftliche Prozesse und Begebenheiten simuliert werden können – man denke in diesem Zusammenhang beispielsweise an ein Brettspiel zu Tarifverhandlungen[9] – und damit eine vertiefte Festigung von Wissen erreichbar ist.

- Dynamik: Lernspiele zeichnen sich durch ein hohes Maß an Spannung und Spontaneität aus. Die Spielregeln geben dem Spielgeschehen zwar eine Richtung; diese belässt den Spielern aber einen hinreichenden Freiraum, um zu (aus Sicht der Lernenden) unvorhergesehenen Spielverläufen zu gelangen.
- Spaß: Lernspiele bereiten Freude und Spaß. Sie setzen ein Unterrichtsklima voraus, in dem ein vergnügliches Tun seinen Platz hat.

Lernspiele weisen damit eine starke Ähnlichkeit zu den Gesellschaftsspielen auf. Sie unterscheiden sich von den Gesellschaftsspielen nur darin, „dass der Lehrer die didaktischen Spielmittel unter einem bestimmten Lernaspekt innerhalb des Lernvorgangs einsetzt. Das kann dazu führen – und häufig geschieht das auch -, dass Spielinhalte und Bildungsinhalte ineinander übergehen. Dadurch wird aber weder die Spielregel verändert noch der Spielcharakter in Frage gestellt. Zudem verfolgt nicht der spielende Schüler mit dem Lernspiel einen bestimmten Zweck, sondern der Lehrer"[10], der mit dem Lernspiel einen Lerneffekt anstrebt. „Es zeigt sich also, dass beim Einsatz von Lernspielen nicht nur der Lerneffekt im Zentrum pädagogischer Bemühungen zu stehen hat, sondern auch der Spieleffekt"[11]. Spiel- und Lerneffekt sollten aber nicht als Gegensatzpaar gesehen werden: Geeignete Lernspiele zeichnen sich vielmehr dadurch aus, dass der *Lerneffekt mit dem Spieleffekt korreliert.*

1.2 Potenziale von Lernspielen

Die allgemeinen Vorzüge der Lernspiele liegen auf der Hand[12] und sind zum Teil schon angesprochen worden: Lernspiele erlauben ein hohes Maß an *Schüleraktivität* und – innerhalb des vorgegebenen Regelwerks – an Selbstorganisation, sodass positive Effekte hinsichtlich der *Förderung von Eigenverantwortung und kooperativen Verhaltensweisen* zu erwarten sind. Zudem führen Lernspiele zu *erlebnishaften Lernvorgängen* und stehen damit im Gegensatz zum reinen Kopflernen. Verbunden sind diese Erlebnisse oft mit *Probe-Handlungen*, die es den

---

9   Vgl. Heinz Klippert: Tarifverhandlungen (Regelspiel). In: Steinmann, Weber, a.a.O., S. 276-283
10   Norbert Kluge: Lernspiele: Spiel- oder Arbeitsmittel? In: Ders. (Hrsg.): Spielpädagogik. Neuere Beiträge zur Spielforschung und Spielerziehung, Bad Heilbrunn 1980, S. 81
11   ebd.
12   Vgl. Hermann, a.a.O., S. 9 f.; Klippert, a.a.O. (1990), S. 9; Meier, a.a.O., S. 345

Schülerinnen und Schülern gestatten, ökonomisch-sozialwissenschaftliche Handlungs-, Entscheidungs- und Urteilssituationen „durchzuspielen". Teilweise kann es über das Durchspielen geeigneter Situationen sogar gelingen, ein rein statisches Verständnis der ökonomisch–sozialwissenschaftlichen Wirklichkeit zu überwinden und die dynamisch-evolutionäre Verfasstheit der politischen, sozialen und wirtschaftlichen Begebenheiten zu veranschaulichen.

Vor allem die letzten beiden Aspekte verweisen bereits auf die domänenspezifischen Potenziale von Lernspielen, rücken sie doch genuin fachliche Gesichtspunkte in das Blickfeld. Weitere fachliche Gesichtspunkte sind der *Wissenserwerb und die Festigung von Wissen* durch den Einsatz von Lernspielen. Die „Wissensvermittlung ist [..., jedoch] kein Selbstzweck, sondern auf die Entwicklung von Kompetenzen in den Kompetenzebereichen bezogen"[13]. Daher ist in Lernspielen solches Wissen zu berücksichtigen, das einen Beitrag zur Kompetenzförderung leistet. Im Kontext der ökonomisch-sozialwissenschaftlichen Bildung geht es dabei vor allem um die Förderung von Handlungskompetenzen, womit „die Möglichkeit zu handeln [bezeichnet wird]. Handeln ist dabei mehr als Wissen, zugleich aber auch mehr als ausführendes Tun. Es verbindet Reflexion und Aktion, oder konkreter: Kennen, Können und Wollen bzw. Wissen, Fertigkeiten und Einstellungen"[14]. In der ökonomisch-sozialwissenschaftlichen Bildung geht es also um die Vermittlung von Wissen, das Orientierungen bietet, um kompetent handeln zu können. Einen zentralen Stellenwert nehmen dabei grundlegende Begriffe ein, die als Bausteine des Denkens gelten können. „Da es mit ihrer Hilfe gelingen kann, eine Vielzahl von Objekten und Ereignissen nach ihren jeweiligen Gemeinsamkeiten in Kategorien zusammenzufassen, vereinfachen sie vorfindbare Gegebenheiten in einer Weise, dass sie auf kognitiver Ebene handhabbar werden. Dem Mensch wird dadurch die Möglichkeit gegeben, schnell und wirkungsvoll Entscheidungen zu treffen"[15], um handeln zu können.

Wenn Lernspiele das *fachspezifische Begriffslernen* unterstützen, leisten sie entsprechend einen hervorragenden Beitrag zum Lernzuwachs der Schülerinnen und Schüler. Konkrete Ansatzpunkte für das Begriffslernen ergeben sich aus den unterschiedlichen Definitionsformen für Begriffe[16]:

---

13 GPJE (Hrsg.): Anforderungen an Nationale Bildungsstandards für den Fachunterricht in der Politischen Bildung an Schulen. Ein Entwurf, 2. Aufl., Schwalbach/ Ts. 2004, S. 14
14 Euler, Hahn, a.a.O., S. 78
15 Gerd Mietzel: Pädagogische Psychologie des Lernens und Lehrens, 8., überarb. u. erw. Aufl., Göttingen u.a. 2007, S. 287
16 Walter Edelmann: Lernpsychologie. 6., vollst. überarb. Aufl., Weinheim 2000, S. 127

- Auf der Grundlage von *Nominaldefinitionen*, also Umschreibungen der zu definierenden Begriffe, lassen sich vielfältige elementare Spielformen entwickeln, die auf die sprachliche Präzision von Begriffsbildungen zielen.

- Und *operationale Definitionen*, die einen Begriff durch die Angabe der Operationen erklären, mit denen das Phänomen empirisch erfasst werden kann, eröffnen ein Spektrum von Spielvarianten, die Anwendungskontexte in den Blick nehmen.

Beide Ansatzpunkte sind in die Konzeption der beiden Lernspiele eingegangen, die im Folgenden beispielhaft beschrieben werden.

2. Zwei Beispiele zum Thema Wettbewerbspolitik

2.1 Grundlegende Überlegungen zu der Konstruktion von Lernspielen am Beispiel von „Wer wird Millionär in der Wettbewerbspolitik" und „Der große Preis der Wettbewerbspolitik"

Beide Spiele lassen sich aufgrund ihrer Popularität und Spielidee als motivierende und schnell erfassbare Lernarrangements in den Unterricht einbinden. Zwei auf das Thema Wettbewerbspolitik zugeschnittene Varianten werden in den Beispielen vorgestellt, doch ist es Teil des didaktischen Potenzials der Spiele, dass sie prinzipiell zu jedem Thema, in jedem Fach und für jede Altersstufe einsetzbar sind. Auch lassen sich die Spiele durch die Schülerinnen und Schüler in Vertiefungs- und Wiederholungsphasen vorbereiten. Die Lehrperson sichtet das arbeitsteilig entstandene Material und fügt es zu einem Spiel zusammen.

„*Wer wird Millionär in der Wettbewerbspolitik*" ist ein Spiel, das sich in besonderer Weise zum Begriffslernen eignet. In einer Frage oder in einem Satzbaustein wird ein zentraler Begriff benannt, der durch die Auswahl der richtigen oder den Ausschluss der falschen Antwort aus vorformulierten Antwortmöglichkeiten definiert wird. Ein besonderer Lernzuwachs wird erzielt, wenn die Antworten nur in Nuancen voneinander abweichen. So wird verhindert, dass das Spiel verflacht, und den Schülerinnen und Schülern wird bewusst, wie präzise bei der Definition von Begriffen vorgegangen werden muss. Sie erkennen, dass schon kleinere Abweichungen in der Formulierung zu einem falschen Begriffsverständnis führen können.

Vorteilhaft für den Einsatz im Unterricht ist darüber hinaus, dass die Kandidaten auf unterschiedliche Hilfen zurückgreifen können. Die Möglichkeit, Joker einzusetzen, senkt die Hemmschwelle, als Kandidat am Spiel teilzunehmen, relativiert Wissenslücken, aktiviert die Klasse während des Spiels und fördert kooperatives Verhalten innerhalb der Lerngruppe. Durch den Gebrauch von Jokern wird den Kandidaten der Eindruck genommen, in einer Situation der Leistungsüberprüfung zu stehen – ein Umstand, der zum spielerischen Charakter beiträgt.

„Der große Preis der Wettbewerbspolitik" ermöglicht im Gegensatz zum ersten Spiel die Teilnahme von Schülergruppen am Spiel, sodass die gesamte Klasse eingebunden ist und eine hohe Schüleraktivität entfaltet wird. Das Spiel eignet sich auch deshalb als Lernspiel, weil die Schülerinnen und Schüler gemäß der Spielidee aus einem Pool von Angeboten Fragen mit unterschiedlichem thematischen Zuschnitt und Schwierigkeitsgrad wählen können, sodass eine Binnendifferenzierung entsteht, die Erfolgserlebnisse für alle Mitspieler ermöglicht. Es gewinnen nicht unbedingt die Gruppen, die sich besonders schwere Fragen zutrauen, weil sie dabei viele Punkte verspielen können. Gruppen, die ihren Leistungsstand sicher einschätzen und danach agieren, haben Chancen auf einen Sieg, auch wenn sie sich auf Felder mit geringer Punktzahl beschränken.

Der ansteigende Schwierigkeitsgrad der Aufgabenstellungen kann didaktisch dazu genutzt werden, Operatoren einzuüben, die zur Reproduktion und Reorganisation bzw. zum Transfer von Lerninhalten sowie zur Reflexion und Problemlösung anleiten.

2.2 Kurzinformationen über beide Spiele

Beide Spiele werden ausführlich auf der CD erläutert. Die folgenden Hinweise geben wichtige Grundlageninformationen über ihre unterrichtlichen Einsatzmöglichkeiten:

Wer wird Millionär in der Wettbewerbspolitik? 💿 2.1

Spielart: ⓘ	Wissensquiz
	Das Spiel dient der Wiederholung und Schärfung zentraler Fachbegriffe zur Wettbewerbspolitik. Es fördert ein Bewusstsein für die Notwendigkeit sprachlicher Präzision bei Definitionen.
Zielgruppe: 👥	Jahrgangsstufen 10-12. Bei jedem Spieldurchgang tritt ein Kandidat an, der auf unterschiedliche Joker beim Lösen der Quizfragen zurückgreifen kann. Ein Schüler als Punktezähler und Moderator leitet das Spiel.
Spieldauer: 🕐	In der vorliegenden Version kann das Spiel in 45 Minuten gespielt werden.
Ergänzende Hinweise: ✎	Zehn Fragen und Antworten zum Thema Wettbewerbspolitik werden im Material angeboten. Eine Lösungstabelle für das Quiz liegt vor. Weitere Fragen und Antworten können von den Schülerinnen und Schülern selbst erarbeitet werden.
	Die Spielidee ist für jedes Thema, Fach und jede Altersstufe einsetzbar.

Der große Preis der Wettbewerbspolitik 💿 2.2

Spielart: ⓘ	Wissensquiz
	Das Spiel dient der Wiederholung und Vertiefung zentraler Unterrichtsinhalte und Fachbegriffe, darüber hinaus des Transfers von erworbenem Wissen auf unbekannte Anwendungssituationen und der Förderung der Urteilskompetenz.
Zielgruppe: 👥	Jahrgangsstufe 10-12. Die Klasse oder der Kurs wird in Fünfer-Gruppen aufgeteilt. Ein Schüler oder der Lehrer als Punktezähler und ein Moderator leiten das Spiel. Bei der Beantwortung der Quizfragen beraten sich die Schülergruppen. Das Spiel entfaltet eine hohe Schüleraktivität und fördert auch die Selbsteinschätzung des Lernstands der Schülerinnen und Schüler.

Der große Preis der Wettbewerbspolitik 💿 2.2	
Spieldauer: 🕐	Das Spiel kann in 90 Minuten durchgeführt werden, wenn die Beratungszeit der Gruppen zwischen 45 Sekunden und 1 Minute liegt.
Ergänzende Hinweise: 🗒	Die Spielidee ist für jedes Thema, Fach und jede Altersstufe einsetzbar. Sie kann durch die Erweiterung der Spalten oder Zeilen ausgebaut werden.

3. Literatur

Roland Feldmann, Walburga Krug: Spiele und Politische Bildung. In: Materialien zur politischen Bildung (1987) 4, S. 76-82

Heinz Klippert: Spielen und Lernen. In: arbeiten + lernen 11 (1990) 67, S. 8-14

Ders.: Tarifverhandlungen (Regelspiel). In: Bodo Steinmann, Birgit Weber (Hrsg.): Handlungsorientierte Methoden in der Ökonomie. Ein Sammelband mit 31 Beiträgen für die Unterrichtspraxis, Neusäß 1995, S. 276-283

Hilbert Meyer: UnterrichtsMethoden. Praxisband, 5. Aufl., Berlin 1987

Lothar Scholz: Spielerisch Politik lernen. Methoden des Kompetenzerwerbs im Politik- und Sozialkundeunterricht, Schwalbach/Ts. 2003

Ders.: Spielend lernen: Spielformen in der politischen Bildung. In: Wolfgang Sander (Hrsg.): Handbuch politische Bildung, 3., völlig überarb. Aufl., Schwalbach/Ts. 2005, S. 547-564

Übersicht über die Materialien 💿 2.0

2.1	„Wer wird Millionär in der Wettbewerbspolitik?"
2.1.1 2.1.2	Spielanleitung Spielmaterial
2.2	„Der große Preis der Wettbewerbspolitik"
2.2.1 2.2.2	Spielanleitung Spielmaterialien
2.3	Aufgabenlösungen

Ulrich Krüger, Gordon Tavernier

III. Wie gibt man Luft einen Preis?
Klimaschutz durch Emissionshandel –
Eine Simulation

1. Klimaschutz –
Die umweltpolitische Herausforderung

„Nach uns die Sintflut!" Diese Redewendung soll wohl verdeutlichen, wie Menschen sich angesichts bestimmter Problemlagen verhalten können: aufschieben, ignorieren und die Probleme den nachfolgenden Generationen überlassen. Die mediale Omnipräsenz des Klimawandels hat dieser Redewendung inzwischen eine andere Bedeutungsrichtung gegeben. Sie ist nun als Mahnung zu verstehen, als Aufruf an die Menschheit, die Bedrohungen, die durch den Klimawandel auf sie zukommt, ernst zu nehmen und in politisches und ökonomisches Handeln umzusetzen.

Mittlerweile hat sich die internationale Staatengemeinschaft der Herausforderung gestellt und Maßnahmen zum Klimaschutz ergriffen. Dabei bestimmen drei bedeutende Texte die Richtlinien der internationalen und nationalen Klimapolitik:

1997 Kyoto-Protokoll:	UN-Klimarat	Sir Nicholas Stern:
Reduzierung der Treibhausgase 2008 -2012 um 5,2 % im Vergleich zu 1990.	4. Bericht 2007: (Intergouvernmental Panel of Climate Change) Der CO_2-Anstieg ist anthropogen. CO_2 trägt neben anderen Treibhausgasen maßgeblich zum Klimawandel bei.	(ehemaliger Chefökonom der Weltbank) „Der Klimawandel ist der größte Fall von Marktversagen, den die Welt je gesehen hat ..." Nichthandeln kostet zwischen 5 % und 20 % des jährlichen globalen BIP.

Die in diesen Texten enthaltenen Aufrufe und Empfehlungen zum Schutz des Klimas sind inzwischen in die konkrete Umweltpolitik der Nationalstaaten als auch von Staatengemeinschaften wie der EU eingeflossen. Ein neues Instrument der Umweltpolitik, der sogenannte Emissionshandel, hat dabei eine zentrale Rolle übernommen. Wie effektiv ist dieses Instrument, wie ist es ausgestaltet und welche „Risiken und Nebenwirkungen" sind mit ihm verbunden?

Der folgende Beitrag bietet die Möglichkeit, diese Fragen im Unterricht sachkundig und kritisch zu behandeln.

2. Der Emissionshandel

„Der Preis für eine Tonne CO_2-Emissionsrechte steht bei 24,28 €." – „Auf dem Terminmarkt werden die EU-Carbon-Futures 2008 mit 23,45 € gehandelt."[1]

Wer nicht glauben mag, dass ein „Handel mit Luft" tatsächlich existiert, dem sei ein Blick in die European Energy Exchange Börse empfohlen[2]. Neben dem Handel mit Strom und Erdgas werden „CO_2-Verschmutzungsrechte", sogenannte Emissionsberechtigungen oder Emissionszertifikate, gekauft oder verkauft. Er kann aber auch einen Blick in den Bundeshaushalt werfen, in dem die Millionengewinne des Staates, die er aus dem Verkauf von Emissionsberechtigungen bezieht, verbucht sind.[3]

Mit der Verpflichtung der EU, das Kyoto-Protokoll umzusetzen und die Treibhausgase zu reduzieren, haben die Staaten der EU 2005 das EU-Emissionshandelssystem (ETS: engl. Emission Trading Scheme) zum Handel mit EU-Emissionszertifikaten (EUA: engl. European Unit Allowances) eingeführt. Am EU-ETS können alle natürlichen und juristischen Personen teilnehmen. Es handelt sich dabei um ein sogenanntes „cap-and-trade"-System. Das „cap", also die Obergrenze, ist für alle EU-Staaten in der Handelperiode 2008-2012 auf 1663,47 Mio t jährlich festgelegt. Für Deutschland gilt eine Obergrenze von 453,1 Mio t jährlich. Hier ist die Deutsche Emissionshandelsstelle im Umweltbundesamt (DEHSt) für die Umsetzung des Emissionshandelsgesetzes zuständig.

Anlagenbetreiber, die dem Handelssystem unterliegen (Anlagen mit mehr als 20 Megawatt thermisch), müssen ihre Emissionsmenge über Emissionsberechtigungen (EUA) abdecken.

---

1   http://www.eex.com/de
2   Vgl. ebd.
3   Der Emissionshandel bescherte Steinbrück 2008 fast eine Milliarde Einnahmen: http://www.presseportal.de/pm/8327/1284735/impulse_g_j_wirtschaftsmedien/

Durch eine EUA erhält der Anlagenbetreiber das Recht, eine Tonne CO_2 zu emittieren. Liegen die tatsächlichen Emissionen eines Unternehmens unterhalb dieser zugewiesenen Menge, kann das Unternehmen die EUA am Markt verkaufen, bei Fehlmengen müssen Zertifikate am Markt erworben werden. Entsprechend den nationalen Allokationsplänen werden den Anlagenbetreibern Emissionsrechte zugewiesen. Ein Teil der erforderlichen EUA muss jedoch zugekauft oder ersteigert werden, für die Handelperiode 2008 sind dies 10 %. Erfüllt das Unternehmen seine Minderungsverpflichtung nicht, werden empfindliche Sanktionen fällig. Zudem muss die nicht erreichte Minderungsverpflichtung im Folgejahr zusätzlich erbracht werden. Zukünftig sollen alle Emissionsrechte versteigert werden.[4]

3. Die didaktische Leitfrage

Durch den Emissionshandel soll Klimaschutz im Ergebnis dort stattfinden, wo er zu den geringsten Kosten verwirklicht werden kann. Dieser monetäre Anreiz ist zugleich der große Vorteil, der dem umweltpolitischen Instrument „Emissionshandel" zugeschrieben wird. Letztendlich gelingt es durch ihn, gleichermaßen ökologisch wirksam und ökonomisch effizient zu handeln. Die Befürworter dieses marktwirtschaftlich ausgerichteten Instrumentes weisen auf diesen quasi systemimmanenten Vorteil hin. Dabei hat sich eine Koalition aus „Nadelstreifen" und „Jutesäcken" herausgebildet. Die „Nadelstreifen", gemeint sind Banker und Börsianer, sehen das große Geschäft auf sich zukommen, da der Handel mit Verschmutzungsrechten nicht ohne Banken und Börsen denkbar ist. Die „Jutesäcke", also radikal-ökologisch motivierte Menschen und Organisationen, heben die unmittelbare Wirksamkeit zum Schutz von Umwelt und Natur hervor. Das System „cap and trade" garantiere, dass das umweltpolitische Ziel einer CO_2-Reduktion auf jeden Fall erreicht werde.

Bisher war die deutsche Umweltpolitik vorwiegend durch einen ordnungsrechtlichen Ansatz geprägt. Ökologische Ziele sollten u.a. durch Ge- und Verbote, Umweltstrafrecht und Grenzwertsetzungen erreicht werden. Hierbei findet ein hohes Maß an staatlicher Steuerung statt. Der Handel mit CO_2-Emissionszertifikaten hingegen folgt einem marktwirtschaftlichen Ansatz. Der Grad der staatlichen Steuerung ist hier deutlich geringer. Dieser Ansatz ermöglicht eine flexible und dennoch ökologisch effektive Umsetzung der gesetzlichen Verpflichtungen.

---

4   Neben den EUA können auch CER (Certified Emission Reductions) und ERU (Emission Reduction Units) an den Börsen gekauft oder verkauft werden. Beide Zertifikate stammen aus Emissionsminderungsprojekten, genauer aus Klimaschutzprojekten in Entwicklungsländern, die den Anforderungen des Kyoto-Protokolls entsprechen.

In der folgenden Übersicht werden beide Ansätze gegenübergestellt:

Marktwirtschaftliche Instrumente	Ordnungsrechtliche Instrumente
Geringer Grad an staatlicher Steuerung	Hoher Grad an staatlicher Steuerung
Innerhalb staatlicher Rahmenbedingungen greifen marktwirtschaftliche Instrumente. In unserem Fallbeispiel legt die EU Obergrenzen für die einzelnen Staaten fest und ermöglicht den Handel mit Emissionsrechten („cap and trade"): • Emissionsrechte werden in Form von Zertifikaten oder Lizenzen auf dem Markt gehandelt. • Sie werden an Börsen versteigert.	Hier handelt es sich um direkte Anweisungen des Staates an Unternehmen. Der Staat reguliert, indem er • Reduktionsverpflichtungen für jedes beteiligte Unternehmen festlegt (Grenzwertsetzung) • Umweltschutzgesetze erlässt (Umweltstrafrecht) • Ge- und Verbote erteilt • Genehmigungen vergibt.

Das markwirtschaftliche Instrument des Emissionshandels macht Emissionsrechte zu einem knappen Gut. Es ist effektiv, weil es garantiert, dass das festgelegte Ziel einer Minimierung des CO_2-Ausstoßes auf jeden Fall erreicht wird. Es ist ökonomisch sinnvoll, weil dort am meisten CO_2 vermieden bzw. einspart wird, wo es am kostengünstigsten ist. Es ist problematisch, weil nicht abzusehen ist, wie es sich auf Produktion und Preise auswirken wird.

Als denkbare Alternative zum Emissionshandel bietet sich eine ordnungsrechtliche Maßnahme in Form von Grenzwertsetzungen für die Unternehmen an, die CO_2 ausstoßen. Dieses Instrument kann z.B. so ausgestaltet werden, dass die entsprechenden Unternehmen einen bestimmten, vom Staat festgelegten Prozentsatz ihrer CO_2-Emissionen reduzieren müssen. Auch hier wird ein „cap" festgelegt, allerdings findet kein „trade" statt. Mit einer derartig staatlich verordneten Grenzwertsetzung erzielt man zwar eine schnell wirksame CO_2-Reduktion, aber unter gesamtwirtschaftlichen Gesichtspunkten nicht das bestmögliche Ergebnis, weil das Instrument nicht individuell und flexibel umgesetzt werden kann. Letztendlich ist auch hier nicht abzusehen, wie sich eine vorgeschriebene Reduktion auf Produktion und Preise auswirken wird.

Welches ist das ökonomisch und ökologisch effektivere Instrument?

Diese Leitfrage deutet auf die zentralen didaktischen und methodischen Entscheidungen des Unterrichtsprojekts hin: „Wie gibt man Luft einen Preis?" Die Schülerinnen und Schüler sollen den Emissionshandel als ein umweltpolitisches Instrument kennen lernen, indem sie das Auktionsverfahren „durchspielen", d.h. simulieren. Die Schülerinnen und Schüler erlangen dadurch Sachkompetenz, d.h. ein vertieftes Wissen über den Emissionshandel. Darüber hinaus wird Urteilskompetenz angebahnt, indem die Schülerinnen und Schüler dieses Instrument in seinen möglichen Auswirkungen auf Unternehmen, Staat und Konsumenten überprüfen. Dabei hilft ihnen der Vergleich mit der Alternative Ordnungsrecht qua Festlegung von Emissionsgrenzen.

Der folgende Überblick verdeutlicht die vier Phasen der Simulation:

Didaktische Leitfrage:
Emissionshandel oder Grenzwertfestsetzung?
Welches ist das ökonomisch und ökologisch effektivere Instrument?

I
Vermittlung von Grundlagen
über den Emissionshandel

II
Erarbeitung einer Auktionsstrategie

III
Auktionsverfahren

IV
Vergleich
Emissionshandel oder Grenzwertsetzung?
Rechenoperationen
Beurteilung und Schlussfolgerungen

4. Das Unterrichtsverfahren: Simulation des Emissionshandels

Die Übersicht ☺ 3.1 bietet unseren Vorschlag für das gesamte Unterrichtsprojekt an, in dessen Zentrum die Simulation steht. Ihr sollten z.b. eine mehrstündige Einführung in klimatologische und umweltpolitische Fragen und eine Gegenüberstellung von marktwirtschaftlichen und ordnungsrechtlichen Instrumenten der Umweltpolitik vorgeschaltet werden. Um das Instrument „Emissionshandel" kennen zu lernen und zu beurteilen, übernehmen die Schülerinnen und Schüler die Rolle von Unternehmensleitungen, indem sie unternehmerische Entscheidungen kalkulatorisch und marktpolitisch nachvollziehen und begründen. Im Sinne der didaktischen Reduktion ist die Simulation des komplexen Geschehens auf strukturrelevante Abläufe fokussiert. In einem ersten Schritt lernen die Schülerinnen und Schüler das umweltpolitische Instrument des Emissionshandels kennen. Dazu stehen ihnen Grundlageninformationen ☺ 3.2.2 zur Verfügung, die durch Arbeitsaufträge erschlossen werden ☺ 3.2.1. Anschließend wird der Kurs in vier Lerngruppen aufgeteilt. Jede Gruppe vertritt die Leitung eines Energieunternehmens mit der Aufgabe, das jeweilige Unternehmen auf der Auktion zu vertreten und ein möglichst optimales Ergebnis für dieses Unternehmen zu erzielen. Zur Vorbereitung auf diese Auktionsstrategie erhalten die Teams vier präzise ausgearbeitete Materialkarten ☺ 3.3.2 – 3.3.5 und dazu passende Arbeitsaufträge ☺ 3.3.1. Die Auktion selbst sollte vom Lehrer oder einer kleinen Schülergruppe geleitet werden. Hierzu ist eine Auktionstafel erstellt ☺ 3.4.2. Sie sollte im Unterricht an einer zentralen Stelle auf Plakat oder Folie ausgehängt werden, um die Ergebnisse zu veranschaulichen. Wenn die Vertreter der einzelnen Unternehmen ihre kalkulatorischen Ergebnisse in die Auktionstafel eingetragen haben, wird – für alle einsichtig – der Marktpreis ermittelt. Er bildet den Ausgangspunkt, um die didaktische Leitfrage nach dem ökologisch und ökonomisch effektiveren Instrument zu beantworten. Dieser Vergleich ☺ 3.5 erfordert zwei Rechenoperationen:

1. Ermittlung der Gesamtkosten beim Emissionshandel
2. Berechnung der Gesamtkosten, die bei der Umsetzung einer ordnungsrechtlichen Maßnahme Reduktionsverpflichtung (Grenzwertsetzung) entstehen würden.

Die Ergebnisse der Berechnungen ermöglichen den Schülerinnen und Schülern ein eigenständiges und begründetes Urteil. Sie dürften sie darüber hinaus motivieren, grundsätzliche handlungspolitische Konsequenzen differenziert zu diskutieren.

Um die Effizienz des Marktinstruments „Emissionshandel" vertiefend zu verdeutlichen und zu überdenken, könnte ein zweiter Durchgang konzipiert werden. Dabei würden andere Marktteilnehmer als Nachfrager nach Emissionszertifikaten auftreten, z.B. eine Umweltorganisation. Wie entwickelt sich dann der Marktpreis, und was bedeutet dies für die Kalkulation der Unternehmen? Welche neuen Fragen ergeben sich im Hinblick auf die Effizienz des Instruments "Emissionshandel"? Ein solcher zweiter Durchgang ist im vorliegenden Unterrichtsprojekt nicht ausgearbeitet worden, kann jedoch vom Lehrer leicht auf der Basis der vorhandenen Materialien entworfen werden.

5. Literatur und Web-Tipps

Literatur

Roland Nelles: Die Luftnummer. In: DER SPIEGEL Nr. 26/2007, S. 30- 32
Elmar Altvater, Achim Brunnengräber (Hrsg.): Ablasshandel gegen Klimawandel. Hamburg 2008

Internetseiten

- http://www.bmu.de/emissionshandel/doc/2227.php
- http://www.dehst.de
- http://www.eex.com/de
- http://www.enbw.com
- http://www.eon.com
- http://www.rwe.com
- http://upload.wikimedia.org/wikipedia/commons/5/5b/Regelzonen_deutscher_%C3%9Cbertragungsnetzbetreiber.jpg
- http://www.vattenfall.de
- http://co2-handel.de (Ein umfassendes Portal zum CO_2-Handel u.a. mit Glossar und Abkürzungsverzeichnis)
  http://www.emissionshandel-fichtner.de (Portal zum CO_2-Handel)

Übersicht über die Materialien 💿 3.0

3.1	Vorschlag für ein Unterrichtsprojekt (Übersicht)
3.2	Grundlageninformationen zum Emissionshandel
3.2.1 3.2.2	Aufgabenstellung für ein Lerntempoduett Informationskarte: Klimaschutz durch Emissionshandel
3.3	Materialien zur Auktionsstrategie
3.3.1 3.3.2 3.3.3 3.3.4 3.3.5	Aufgabenstellung Materialkarte Vattenfall Europe AG Materialkarte EnBW AG Materialkarte E.ON AG Materialkarte RWE AG
3.4	Materialien zur Auktion
3.4.1 3.4.2 3.4.3	Informationen zum Auktionsverfahren Arbeitsaufträge Auktionstafel Auswertung der Auktion Arbeitsaufträge
3.5	Vergleich Emissionshandel – Grenzwertsetzung
3.6.	Aufgabenlösungen
3.6.1 3.6.2 3.6.3 3.6.4 3.6.5 3.6.6	Vattenfall Europe AG EnBW AG E.ON AG RWE AG Auktion Vergleich: Emissionshandel – Grenzwertsetzung

Alexandra Labusch, Heike Hornbruch

IV. *Mouse Coat* – Der Mantel für die Maus. Zweisprachige Lernstationen zur Produkteinführung auf dem europäischen Markt

1. Das Setting

Die in diesem Beitrag vorgestellten Lernstationen gründen auf der Konstruktion eines Übungsbetriebes und zielen nicht – wie sonst häufig – auf eine Unternehmensgründung. Vielmehr sollen die Ereignisse, Informationen und Aufgaben an den Lernstationen unternehmerische Entscheidungen und Handlungssituationen analysieren und beurteilen helfen und dabei auch ökonomisches Grundwissen vermitteln. Anders als bei Existenzgründungssimulationen geht es bei der Einführung von *Mouse Coat* um ein neues Produkt eines bereits am Markt etablierten Unternehmens. Der Übungsbetrieb *Laundry GmbH* ist ein mittelständisches Unternehmen, das seinen Standort in Deutschland hat. *Laundry GmbH* importiert Vorleistungen und exportiert Endprodukte innerhalb der EU, im Wesentlichen nach Großbritannien, Irland, Dänemark und die Niederlande. Aus dieser Konstellation ergeben sich einerseits Kommunikationssituationen, die in englischer Sprache bewältigt werden müssen, andererseits die Anforderung einer Vermittlung jeweils national geprägter (Rechts-)Normen.

Im Mittelpunkt der Lernsituationen steht der *Mouse Coat*, der als so genanntes Kuppelprodukt produziert wird. Auf diese Weise ist es möglich, ein neues Produkt mit vergleichsweise geringem Risiko auf den Markt zu bringen. In der Hauptproduktion stellt der Betrieb Bettwäsche, Kissen, Tischdecken, Vorhänge, Bett- und Sofaüberwürfe sowie aufwändig gestaltete Taschen mit Applikationen aus Perlen und anderen Verzierungen her. Mit diesen Produkten hat sich die Firma *Laundry GmbH* einen Markennamen gemacht, der Zielgruppen mit einem designbewussten Lebensstil anspricht. Das verarbeitete Material ist von hoher Qualität und im Einkauf teuer. Zunehmend wird daher der Ausschuss beklagt, der über die Preiskalkulation ausgeglichen werden muss, denn beim Zuschneiden vor allem der aufwändigen Taschenelemente aus Kunstfellprodukten bleiben Reste übrig, die nicht mehr verwertet werden. Ein Mitarbeiter bringt die Idee einer Firma für Computerzubehör, die zusammen mit Mousepads Stoffmäuse verschenkte, von einer Messe mit. Dies führt zu dem Vorhaben, aus den Stoffresten „einen Mantel für die Computer-Maus" zu produzieren, der als Design-Element im Arbeitszimmer oder als Geschenk eine Innovation darstellt. Das Kuppelprodukt *Mouse Coat* erreicht in drei verschiedenen Ausführungen so hohe Verkaufszahlen, insbesondere in Dänemark, dass für die Fertigung auch freiberufliche Bekleidungstechniker und Näher herangezogen werden. Daraus entstehen einerseits Verzögerungen bei der Lieferung, aber auch Qualitätsmängel bzw. Falschlieferungen, so dass die Mitarbeiterinnen und Mitarbeiter mit Beschwerdebriefen und telefonischen Anfragen aus dem nordeuropäischen Ausland konfrontiert sind. Durch eine Anfrage aus Irland stellt sich schließlich heraus, dass ein ähnliches Produkt namens *R@t* bereits existiert, für das in Irland auch ein Patent angemeldet worden sei. Daher wird eine patentrechtliche Prüfung unumgänglich, und auch die weitere Produktion des bisherigen *Mouse Coat* muss überprüft werden. In einer Leitungskonferenz soll über das weitere Vorgehen entschieden werden. Geschäftsführung und Abteilungsleiter erwägen eine Weiterentwicklung des Produkts und beraten über verschiedene schutzrechtliche Varianten sowie das Für und Wider einer schutzrechtlichen Sicherung.

2. Didaktisch-methodische Überlegungen

Das zentrale politische Problem, das mit diesem Arrangement berührt wird, ist die fehlende Regelung eines einheitlichen europäischen Patentrechts, das es auch kleinen und mittleren Unternehmen ermöglicht, Innovationen patentrechtlich schützen zu lassen. Die bisherige Situation ist gekennzeichnet durch Uneinheitlichkeit, lange zeitliche Vorläufe und hohe Kosten und steht im Widerspruch zur Aufforderung der EU-Kommission, stärker innovativ zu sein. Während zum Beispiel in Deutschland auch so genannte „Gebrauchsmuster" als „kleine Schwester" des Patents kostengünstig angemeldet werden können, ist dieses Verfahren europaweit weitgehend unbekannt. Das Lernarrangement greift dieses Problem beispielhaft im Rahmen des Übungsbetriebs auf und konkretisiert die Abläufe, die sich im Zusammenhang mit patentrechtlichen Fragen ergeben können. In der abschließenden Simulation einer Leitungskonferenz wird das Problem zugespitzt: Innerhalb eines ausgesprochen innovationsfreudigen Betriebs werden die Impulse zur Produktentwicklung stark durch die hohen Kosten und zeitaufwändigen Verfahren gebremst.

Der innovative Charakter des Lernarrangements beruht zudem auch darauf, dass im Rahmen der simulierten Funktionsabläufe ein Training englischsprachiger *Business*

Communication integriert ist, das sich aus dem Vertrieb des Produkts „Mouse Coat" nach Irland und Dänemark ergibt. Hier wird inhaltsorientiert und anwendungsbezogen ein „English for specific purposes" in einen interkulturellen Kommunikationszusammenhang eingebettet. Die Vorgehensweise soll an einem Beispiel verdeutlichen, wie fremdsprachliche Elemente in den gesellschaftswissenschaftlichen Unterricht aufgenommen werden können. Die Anforderungen an Abiturientinnen und Abiturienten sowie Schulabsolventen generell hinsichtlich ihrer fremdsprachlichen Kompetenzen steigen. Insbesondere wird ein hohes Fertigkeitsniveau im Englischen erwartet, das nicht nur allgemeinsprachlich, sondern fachsprachlich ausgeprägt ist. Es ist daran gedacht, die Lernstationen als Kleinform „flexibler bilingualer Module" im sonst deutschsprachigen Unterricht einzusetzen. Ein Wechsel der Unterrichtssprache ist dabei nicht erforderlich, so dass alle Lehrkräfte mit den Materialien umgehen können. Aufgaben, die die Rezeption und Produktion englischsprachiger Texte erfordern, sind so gestaltet, dass keine zusätzlichen Hilfsmittel in Form von Nachschlagewerken etc. benötigt werden. Um die mündliche Kommunikation zu trainieren, müssen jedoch Abspielgeräte für Audio-CD (Multi-Media-Computer, CD-Spieler) bereitgestellt werden.

3. Die Lernstationen

Die Lernstationen sind inhaltlich so gestaltet, dass die Marktanalyse und Vermarktungsstrategie als Datum behandelt werden. Schülerinnen und Schüler denken sich in eine betriebliche Situation hinein, in der die Bedingungen existieren, unter denen ein Produkt wie *Mouse Coat* mit geringem Risiko eingeführt werden kann. *Preiskalkulation* und *Gewinnermittlung* werden methodisch nachvollzogen, Geschäftsvorgänge werden im Kontext der *zweisprachigen Kommunikationserfordernisse* bearbeitet. Ein weiterer Schwerpunkt liegt auf den eher selten thematisierten *schutzrechtlichen Fragen* um das neue Produkt.

Die Stationen sollten in der gegebenen Reihenfolge von allen Schülerinnen und Schülern je nach Anforderung in Einzel-, Partner- oder Gruppenarbeit bearbeitet werden. Die Stationen 👁 4.3 und 👁 4.4 können dabei auch vertauscht werden. Gleichzeitig ermöglichen die Materialien auch eine Vorgehensweise, die an einzelnen Stellen Vertiefungen und Lehrgänge vorsieht – abhängig von der jeweiligen Lerngruppe sogar erfordert. Diese werden in den Anmerkungen zu den jeweiligen Lernstationen genauer erläutert. An einigen Stationen sind Lösungsblätter für die Schülerinnen und Schüler in den Materialien enthalten, zu den anderen werden im Folgenden Lösungshinweise gegeben.

3.1 Lernstation 1: Welchen Preis hat der *Mouse Coat?*

Die erste Station führt in die Situation der *Laundry GmbH* ein und erklärt auf 💿 4.1.1 auch die Aufbauorganisation eines mittelständischen Produktionsbetriebs. 💿 4.1.2 gibt Informationen zur Entstehung der Produktion des *Mouse Coat.* Durch 💿 4.1.3, 4.1.4 und 4.1.5 erhalten die Schülerinnen und Schüler einen ersten Einblick in die Stückkostenkalkulation eines Unternehmens. Dabei ist entscheidend, dass sie die unterschiedliche Kalkulation des Endpreises für ein eigenständiges Produkt sowie für das Kuppelprodukt berechnen (vgl. die Lösungshinweise 💿 4.6.2) und dabei erkennen, dass der Endpreis des Kuppelprodukts bei einem durchschnittlich kalkulierten Gewinn von 18 % ca. ein Drittel niedriger ausfällt und damit attraktiver für potenzielle Käuferinnen und Käufer sein kann. Erst durch den Wegfall der Gemeinkosten und Materialkosten entsteht ein „realistischer" Endpreis.

Integriert werden in dieser Station funktionale Kenntnisse über fixe und variable Kosten sowie direkte und indirekte Steuern vermittelt. Die Informationen in den Materialien sind bewusst komprimiert gestaltet, so dass ein selektiver Umgang mit dem Ziel der Aufgabenbearbeitung möglich ist, aber auch zusätzliche Strukturierungshilfen und Vertiefungen angedockt werden können. Hier bietet sich beispielsweise ein Exkurs an, der Grundkenntnisse der betrieblichen Stückkostenkalkulation sowie der Steuerlehre systematisch einführt.

3.2 Lernstation 2: Lohnt sich der *Mouse Coat?*

Ausgehend von der Stückkostenkalkulation führen die Materialien 💿 4.2.1 und 💿 4.2.2 in das betriebliche Rechnungswesen (Bilanzierung, Gewinn- und Verlustrechnung) ein. Die Schülerinnen und Schüler sind dabei aufgefordert, mit Hilfe der vorhandenen Daten zu ermitteln, ob sich die Produktion des *Mouse Coat* als Kuppelprodukt für das Unternehmen lohnt. Dabei zeigt sich schnell, dass der Gewinn vor Steuern beim *Mouse Coat* im Vergleich zum Umsatz bei ca. 30 % liegt, während der Gewinn vor Steuern bei den übrigen Produkten im Vergleich zum Umsatz mit ca. 15% deutlich niedriger ist 💿 4.2.2 (1. Arbeitsauftrag). Hier zeigt sich noch einmal anschaulich die Rentabilität der Kuppelproduktion 💿 4.2.2 (2. Arbeitsauftrag). Diese Ergebnisse können dann in die Stellungnahme für die Geschäftsführerin einfließen 💿 4.2.2 (3. Arbeitsauftrag), in der eine eindeutige Empfehlung zur Weiterführung der Produktion des *Mouse Coat* erwartet wird.

Wesentliche Argumentationsgrundlage sind dabei die hohe Umsatzrendite des Produkts sowie die steigenden Umsatzzahlen.

3.3 Lernstation 3: *Mouse Coat* auf dem europäischen Markt verkaufen

Die Lernstation 3 thematisiert in oben beschriebener Weise authentische Kommunikationssituationen, die sich aus dem Vertrieb des Kuppelprodukts *Mouse Coat* in andere europäische Länder ergeben können. 👁 4.3.1 und 👁 4.3.2 behandeln eine Situation, in der ein aus Schottland stammender Beschwerdebrief beantwortet werden muss, da die Qualitätsstandards nicht eingehalten worden sind (nicht fest sitzende Augen bzw. Ohren gemäß EU-Norm für Spielzeug). Die Business Communication wird über das Einsetzen von vorgegebenen englischen Vokabeln in einen vorgegebenen Kontext trainiert und lässt sich über das Lösungsblatt selbstständig kontrollieren 👁 4.6.2.

Auch die darauf folgende Situation behandelt eine Beschwerde, diesmal über die Lieferung eines falschen Typs von *Mouse Coat*. Die Beschwerde geht in diesem Fall mündlich auf dem Anrufbeantworter ein 👁 4.3.3 und 🎧 T 1 und sollte auch in einem mündlichen Sprachduktus beantwortet werden. Die Aufgabe sieht zunächst eine Ausformulierung des Textes für den Anrufbeantworter des irischen Handelspartners vor. Bei einer vorgeschalteten Übung wird die Kompetenz trainiert, kommunikativ angemessen und Erfolg versprechend mit Beschwerden umzugehen, so dass die Geschäftsbeziehungen eher gestärkt als geschädigt werden 👁 4.3.4 und 🎧 T 2. Im Anschluss wird das tatsächliche Telefongespräch simuliert 👁 4.3.5 sowie 🎧 T 3 – 9. Die Ergebnisse können wiederum mit den beigefügten Lösungen kontrolliert bzw. nach Absprache auch im Englischunterricht korrigiert werden. Hier zeigt sich beispielhaft die Möglichkeit zur Kooperation zwischen Sprach- und gesellschaftswissenschaftlichen Fächern, die auf diese Weise natürlich hergestellt werden kann.

3.4 Lernstation 4: *Mouse Coat* – Eine Patentrechtsverletzung?

Aus Irland trifft eine E-Mail ein, in der der Geschäftspartner von einem irischen Produkt namens *R@t* berichtet, das ähnliche Eigenschaften aufweisen soll wie der Mouse Coat. Da der Erfinder ein *short-term-patent* in Irland angemeldet hat, droht eine Patentrechtsverletzung, die zu prüfen ist 👁 4.4.1. Zu diesem Zweck führen die Schülerinnen und Schüler zunächst einen Merkmalsvergleich zwischen *R@t* und *Mouse Coat* durch 👁 4.4.3, um anschließend unter Anwendung des Subsumtionsverfahrens prüfen zu können, ob und ggf. welche Art von Rechtsnormverletzung vorliegen könnte 👁 4.4.3 und 👁 4.4.4. Die wesentlichen Unterschiede zwischen den beiden Produkten bestehen einmal in der Möglichkeit, den Mantel abzunehmen, zum anderen in der Materialfunktion. Während *Mouse Coat* einen wechselbaren Stoffmantel darstellt, ist der Stoffüberzug der *R@t* fest mit der Computermaus verbunden und wird mit ihr zusammen gefertigt. Der Stoff der *R@t* besteht aus einer antibakteriell wirksamen Mikrofaser, der des *Mouse Coat* hat diese Funktion nicht. Die Unterschiedlichkeit der Produkte sowie die eingeschränkte Anwendbarkeit des irischen Patentrechts (nationaler Geltungsbereich) schwächen den Vorwurf der Patentverletzung, so dass die Firma *Laundry GmbH* den irischen Handelspartner zunächst in einem Antwortschreiben beruhigen kann 👁 4.4.5. Auch hier wird wieder *Business Communication* trainiert, da einerseits die E-Mail und ihr Anhang auf Englisch vorliegen und andererseits ein Antwortschreiben an den irischen Kunden formuliert werden muss. Zur Unterstützung der formalen Gestaltung des Briefs sind zwei Musterbriefe beigefügt 👁 4.4.5.

3.5 Lernstation 5: Soll *Mouse Coat* als Patent angemeldet werden?

Das Durchlaufen des Übungsbetriebs gipfelt schließlich in einer Simulation einer Leitungskonferenz, in der über die Zukunft des *Mouse Coat* in der *Laundry GmbH* entschieden werden soll. In der Rollensimulation werden die Ergebnisse der vorherigen Stationen verarbeitet, da einerseits Kostengesichtspunkte beachtet werden müssen (Station 1 und 2), der bisherige Ablauf der Produktion und des Vertriebs berücksichtigt werden muss (Station 3) sowie patentrechtliche Fragen geklärt werden müssen (Station 4). Hier ist vorgesehen, dass sich alle leitenden Mitarbeiterinnen und Mitarbeiter beteiligen (vgl. die Übersicht in 👁 4.1.1). Die Rollenkarten 👁 4.5.1 und 👁 4.5.2 sind so gestaltet, dass alle Beteiligten durch die Geschäftsführerin dazu aufgefordert werden, technische Weiterentwicklungsmöglichkeiten des *Mouse Coat* vorzuschlagen. Die Rollen tragenden Schülerinnen und Schüler haben hier die Gelegenheit, einen äußerst phantasiereichen Prozess zu simulieren, innerhalb dessen ihre eigenen Produktideen den weiteren Verlauf maßgeblich prägen. Die Steuerung durch die Rollenkarten sieht auch eine kurze Präsentationsphase vor, in der die schutzrechtlichen Möglichkeiten und ihre Kosten vorgestellt werden. Zusatzinformationen und Hilfestellungen bezüglich der erforderlichen Präsentationstechniken können der entsprechenden Rollenkarte beigefügt werden.

Durch die Leitungskonferenz zieht sich die Frage nach Möglichkeiten und Problemen einer schutzrechtlichen Maßnahme für die vorliegende und neu entwickelte Variante des

Produkts *Mouse Coat.* Die Vorgaben und Profile der Rollenkarten führen zum einen zur Prüfung von Kosten (auch im Vergleich zu Kennziffern des Betriebs, etwa Umsatz und Gewinn), zum anderen zur Prüfung von Rechtsnormen. So fällt beispielsweise ein deutsches Patent für den bestehenden *Mouse Coat* bei dieser Prüfung heraus, weil das Produkt bereits „vorveröffentlicht" ist. Es entsteht vor allem eine Kontroverse über die Notwendigkeit des patentrechtlichen Schutzes des weiterentwickelten *Mouse Coat*, die die antizipierte Absatzdauer des Produkts, das Erfolgsrisiko sowie die Situation in den Exportländern als wesentliche Parameter enthält.

Das Ergebnis der Konferenz legt das zentrale politische Problem offen, da es sich letztlich für ein mittelständisches Unternehmen wie die *Laundry GmbH* nur unter großen Risiken lohnt, sich patentrechtlich zu engagieren, zumal die Möglichkeit nicht besteht, ein europaweites „Gebrauchsmuster" anzumelden. Insbesondere in der Auswertungsphase der Simulation muss dieses Problem mit seiner Regelungsbedürftigkeit thematisiert und vertieft werden. Als weiterführende Problematisierung des Patentrechts bietet sich eine anschließende Sequenz zur Fragestellung „Sollten Unternehmen aufgrund unkontrollierter Produktpiraterie ihr geistiges Eigentum rechtlich schützen lassen?" an. Die erkennbaren Rechtslücken und Vollzugsdefizite bei der Betrachtung globaler Handelsbeziehungen (insbesondere mit China) haben dazu geführt, dass einige Unternehmen sich eher gegen eine Patentierung entscheiden, u.a. um durch die Offenlegungsschriften nicht noch zusätzlich zur Nachbildung aufzufordern; eine Praxis, die die Defizite beim Schutz geistigen Eigentums noch weiter verstärkt.

4. Literatur

Wilfried Böhler, Michael Hinck: Wirtschaftsenglisch. Business Cases, Know-How, Soft Skills. Rinteln 2003
Günter Wöhe: Einführung in die Allgemeine Betriebswirtschaftslehre. München 2000
David Gordon Smith: English for Telephoning. Short Course Series. Berlin 2004

Internetadresse

*   http://ec.europa.eu/enterprise/innovation/index_en.htm

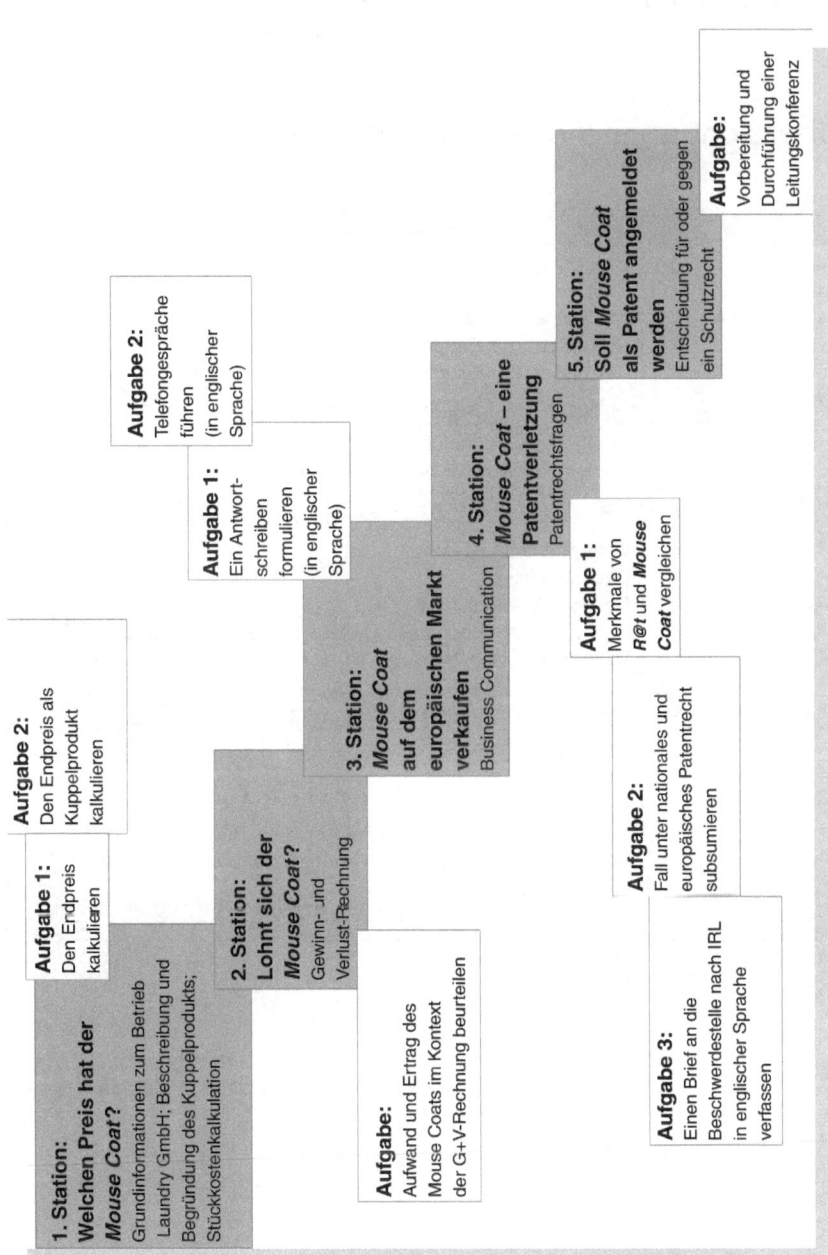

1. Station:
Welchen Preis hat der *Mouse Coat?*
Grundinformationen zum Betrieb Laundry GmbH; Beschreibung und Begründung des Kuppelprodukts; Stückkostenkalkulation

Aufgabe 1:
Den Endpreis kalkulieren

Aufgabe 2:
Den Endpreis als Kuppelprodukt kalkulieren

2. Station:
Lohnt sich der *Mouse Coat?*
Gewinn- und Verlust-Rechnung

Aufgabe:
Aufwand und Ertrag des Mouse Coats im Kontext der G+V-Rechnung beurteilen

3. Station:
Mouse Coat **auf dem europäischen Markt verkaufen**
Business Communication

Aufgabe 1:
Ein Antwort-schreiben formulieren (in englischer Sprache)

Aufgabe 2:
Telefongespräche führen (in englischer Sprache)

4. Station:
Mouse Coat – eine **Patentverletzung**
Patentrechtsfragen

Aufgabe 1:
Merkmale von *R@t* und *Mouse Coat* vergleichen

Aufgabe 2:
Fall unter nationales und europäisches Patentrecht subsumieren

Aufgabe 3:
Einen Brief an die Beschwerdestelle nach IRL in englischer Sprache verfassen

5. Station:
Soll *Mouse Coat* **als Patent angemeldet werden**
Entscheidung für oder gegen ein Schutzrecht

Aufgabe:
Vorbereitung und Durchführung einer Leitungskonferenz

5. Überblick über die Stationen

Übersicht über die Materialien 💿 4.0

4.1	Station 1: Welchen Preis hat der *Mouse Coat*?
4.1.1	Laundry GmbH
4.1.2	Resteverwertung
4.1.3	Stückkostenkalkulation für einen *Mouse Coat* aus Fellimitat
4.1.4	Kalkulation des Endpreises
4.1.5	Kalkulation des Endpreises beim *Mouse Coat* als Kuppelprodukt
4.2	Station 2: Lohnt sich der *Mouse Coat*?
4.2.1	Erfolgsrechnung (Informationen)
4.2.2	Erfolgsrechnung vor Steuern (Daten)
4.3	Station 3: *Mouse Coat* auf dem europäischen Markt verkaufen
4.3.1	Lieferprobleme
4.3.2	Brief mit Lücken
4.3.3	Das falsche Modell 🎧 T 1
4.3.4	Regeln für eine angemessene Reaktion auf Beschwerden 🎧 T2
4.3.5	Dialog mit Lücken 🎧 T 3-9
4.4	Station 4: *Mouse Coat* – Eine Patentverletzung?
4.4.1	Ratten und Mäuse
4.4.2	R@ts
4.4.3	Arbeitsaufträge
4.4.4	Rechtstexte/Informationsmaterialien zum Patentrecht
4.4.5	Brief an die Firma „Lexington Stores" inklusive Hinweise zum „business letter"
4.5	Station 5: Soll der *Mouse Coat* als Patent angemeldet werden?
4.5.1	Leitungskonferenz
4.5.2	Rollenkarten
4.5.3	Information zur KMU-Patentaktion (= **K**leine und **M**ittlere **U**nternehmen)
4.6	Anhang
4.6.1	Lexikon (englisch-deutsch)
4.6.2	Aufgabenlösungen

Thomas Düwell-Luhnau, Kuno Rinke

V. „(K)Ein Markt für Kuscheltiere?" Schülerinnen und Schüler im Marketing-Mix-Planspiel

1. Das Konzept

Das folgende Planspiel basiert auf einem Auszug aus einem Arbeitsbuch, das vom Bundesverband deutscher Banken – Schulbank herausgegeben wird: *Wie? Wirtschaft erleben 2,* (Berlin 2006). Dieses Arbeitsbuch vermittelt Jugendlichen auf rund 100 Seiten einen praxisnahen Zugang zum Verständnis wirtschaftlichen und unternehmerischen Handelns. Einen Schwerpunkt des Bandes bildet das Planspiel „Gut gebrüllt, Löwe!"[1] (Seite 50-83). Alle Informationen zur Broschüre sowie die Bezugsbedingungen gibt es unter www. schulbank.de . Exemplarisch für den Umgang mit derartigen Schülermaterialien wird dieses Planspiel in ein Unterrichtskonzept eingebunden, das die Motivation der Inhalte mit Wissenssicherungen und Reflexionsphasen vernetzt. Die Schülerinnen und Schüler vermarkten möglichst selbstständig ein eigenes Produkt, ein Kuscheltier, erwerben und sichern dabei Grundlagenwissen über betriebliche Abläufe und prüfen kritisch ihr eigenes unternehmerisches Handeln.

Die Rollenverteilung ist einfach. Auf der Grundlage eigener Recherchen werden die Schülerinnen und Schüler angeleitet, in vier Arbeitsgruppen („Abteilungen") ein „marktfähiges Kuscheltier" zu entwickeln:

Abteilung 1: Produktpolitik. Ein Produktionskonzept wird entwickelt.
Abteilung 2: Distributionspolitik. Vertriebsmöglichkeiten werden erkundet.
Abteilung 3: Kommunikationspolitik. Marketingkonzepte werden entworfen.
Abteilung 4: Preis- und Konditionenpolitik. Preise für Produkt und Werbestrategien werden kalkuliert.
Abgestimmt wird ein gemeinsames unternehmerisches Handeln durch Konferenzen, in die alle vier Arbeitsgruppen mit dem Ziel einbezogen werden, sich auf ein gemeinsames

---

1   Die Spielmaterialien, im Folgenden „Schülerheft-Materialien" genannt, sind nur in dem o.g. Band enthalten, auf der CD befinden sich alle Materialien, die das Planspiel ergänzen und bereichern.

Vorgehen zu einigen. Dieses Planspielkonzept wird strukturiert durch ein planmäßiges unterrichtliches Vorgehen, das auf rund 12-15 Unterrichtsstunden je nach eigener Schwerpunktsetzung angelegt ist und sich wie folgt darstellen lässt:

Verlaufsplanung:

I
Einführung für die gesamte Lerngruppe:
Erarbeitung von Basiswissen zur Frage:
„Wie arbeitet ein Unternehmen?" 💿 5.1.1 und 5.1.3
(5.1.2: Schülerheft-Materialien, S. 50-59)
2 Unterrichtsstunden
Die Materialien können mit Hilfe der Arbeitsanleitungen in
Einzel- oder arbeitsteiliger Gruppenarbeit erarbeitet werden.

II
Gruppenbildung, Gruppenarbeit
Aufteilung der Lerngruppe in vier „Abteilungen", Entwicklung
eigenständiger Konzeptlösungen
(5.3: Schülerheft-Materialien, S. 60-83)
1 bis 2 Unterrichtsstunden

III
Marktanalyse
Anleitungen zu Recherchen 💿 5.2
2 Unterrichtsstunden
Alternativ kann diese Phase auch vor den Beginn der eigentlichen
Unterrichtsreihe geschaltet werden.

IV
Erste gemeinsame Konferenz aller Abteilungen
Vorstellung, Diskussion und Beschlussfassung von Leitlinien
1-2 Unterrichtsstunden
Zu Beginn der Konferenz stellt jede einzelne Abteilung Inhalte und
Konzeptlösung ihrer Abteilung den anderen Gruppen vor.

V
Tagung der Abteilungen
Umsetzung der Leitlinien
2 Unterrichtsstunden
Hier können auch zusätzlich Pretests zur Kommunikationspolitik
und zum Produkt durchgeführt werden.

VI
Zweite gemeinsame Konferenz aller Abteilungen
Bericht über den Stand der Umsetzung der Leitlinien und mögliche
Entscheidungen über Korrekturen
1 Unterrichtsstunde

VII
Vermarktung
Simulation von Marktzugängen
Produktbeschreibung, Entwicklung von Werbekampagnen, Erkundung
von Vertriebswegen und Marktchancen
1 bis 2 Unterrichtsstunden

VIII
Evaluationen über das Planspiel
1 Unterrichtsstunde
Es können während des Planspiels auch Zwischenevaluationen erfolgen,
um mögliche didaktisch-methodische Konsequenzen abzuleiten.

IX
Lernerfolgskontrollen
2 Unterrichtsstunden inklusive Auswertung
Hierzu wird ein umfangreiches Angebot präsentiert: Lernstationen zu jeder
der vier Abteilungen 👁 5.4 und Tests zum Grundlagenwissen 👁 5.5.

Mit diesem Planspiel sollen die Schülerinnen und Schüler das Spektrum der unternehmerischen Entscheidungsprozesse kennenlernen und erfahren. Sie selbst werden zu Akteuren im Wirtschaftsprozess. Dabei müssen sie sich mit den Aufgaben der verschiedenen Abteilungen ihres Betriebes vertraut machen, gleichzeitig aber auch ihr eigenes Handeln mit dem der anderen Beteiligten so abstimmen, dass ihr Produkt erfolgreich vermarktet werden kann.

Das Planspiel fördert so gleichzeitig individuelle Kreativität, Teamfähigkeit und strategisches Denken. Eingebettet ist dieses Planspiel in ein dezidiertes Unterrichtskonzept: Die Schülerinnen und Schüler werden angehalten, sich ein notwendiges Sach- und Handlungswissen anzueignen ⚙ 5.1-5.3, das über verschiedene Angebote von Lernerfolgskontrollen ⚙ 5.4-5.5 überprüft werden kann. Eingebettet sind Evaluationsphasen, in denen das eigene unternehmerische Handeln einer kritischen Prüfung unterzogen wird.

Um dieses Planspiel erfolgreich ab der 8. Jahrgangsstufe durchführen zu können, sind Kenntnisse des Lehrers über unternehmerische Aktivitäten unabdingbar, z.B. über Beschaffung, Lagerhaltung, Produktion und Absatz. Zielvorstellungen privatwirtschaftlicher Betriebe, wie sie sich aus den wirtschaftlichen Kennziffern (Produktivität, Wirtschaftlichkeit und Rentabilität) ergeben, werden ebenfalls als bekannt vorausgesetzt.

2. Erläuterungen zum Unterrichtsverfahren

Phase I: Einführung für die gesamte Lerngruppe

Erarbeitung von Basiswissen zur Frage: „Wie arbeitet ein Unternehmen?"
Dauer: 2 Unterrichtsstunden

Bevor die einzelnen Gruppen zum Planspiel eingeteilt werden, sollen die Sachtexte (Schülerheft-Materialien, S. 50-59) die allen Gruppen als Grundlage dienen, gemeinsam bearbeitet werden, um einen gleichen Wissenstand zu sichern. Diese Materialien beziehen sich einerseits auf die Organisation eines Unternehmens und andererseits auf die wirtschaftlichen Kennziffern. Vorangeschickt sind kurze Arbeitsanleitungen ⚙ 5.1.1, außerdem steht ein umfangreiches Glossar zur Verfügung ⚙ 5.1.3. Die Schülerinnen und Schüler können die Texte in Einzelarbeit oder in arbeitsteiligen Gruppen bearbeiten; in jedem Fall bietet es sich an, ihnen den gesamten Text inklusive Glossar vorzulegen, weil im Glossar zum Teil Begriffe mit Hinweis auf verschiedene Textstellen erklärt werden. Die Arbeitsergebnisse können in der Klasse präsentiert und in einer Wandzeitung und in Übersichtsskizzen veranschaulicht werden. Sie sollten gründlich besprochen werden, dies gilt auch für die wirtschaftlichen Kennziffern. Sie lassen sich durch Rechenbeispiele so einüben (Hausaufgabe), dass sie den Schülerinnen und Schülern vertraut werden.

Phase II: Gruppenbildung, Gruppenarbeit

Aufteilung der Lerngruppe in vier "Abteilungen", Entwicklung eigenständiger Konzept-lösungen (Schülerheft-Materialien, S. 60-83)
Dauer: 1 bis 2 Unterrichtsstunden

Um die betriebliche Situation so realitätsnah wie möglich zu simulieren, sollten die Gruppen nach dem Zufallsprinzip eingeteilt werden. Jede Gruppe wählt jeweils einen Gruppensprecher bzw. eine Gruppensprecherin, deren Hauptaufgabe in der Koordination der Arbeitsabläufe liegt. Empfehlenswert ist es weiterhin, auch Rollen wie Protokollant, Gesprächsleiter bzw. Sprecher der Abteilungen oder Zeitkontrolle für die Recherchen und Konferenzen festzulegen (vgl. Phase IV).

Die Aufgaben der jeweiligen Gruppen sollten an dieser Stelle mit Verweis auf die Schüler-heft-Materialien und die Arbeitsaufträge in den Materialien gründlich besprochen werden, wobei ausdrücklich darauf hingewiesen werden sollte, dass die Schülerinnen und Schüler die vorgegebenen Aufgaben vollständig bearbeiten und die Fachterminologie benutzen, die sich aus der Lektüre der Sachtexte ergibt. Auch hier lohnt die visuelle Unterstützung in Form von Wandzeitungen und Übersichtsskizzen. Die Gruppenarbeit erfordert ein hohes Maß an Eigenständigkeit, Teamfähigkeit und Verantwortung. Nur wenn sie gelingt, ist eine kontinuierliche Arbeit möglich. Darauf sollte auf jeden Fall geachtet werden.

Phase III: Marktanalyse
Anleitung zu Recherchen

Dauer: 2 Unterrichtsstunden

Die Arbeit jeder Gruppe setzt sich mit Recherchen fort, für die 💿 5.2 Anleitungen gibt. Diese sind so verfasst, dass die Schülerinnen und Schüler sich gewissermaßen als Markt-forscher betätigen können. Aus den Ergebnissen leitet jede Abteilung begründete Emp-fehlungen ab. Die Empfehlungen müssen so konkret wie möglich sein. Es ist sinnvoll, den Schülerinnen und Schülern ein schulisches Empfehlungsschreiben über die Projektarbeit mitzugeben, damit sie bei den einzelnen Unternehmen, die gemäß der Aufgabenstellung befragt werden sollen, Gehör finden.

Die Lehrperson sollte vorab entscheiden, ob sie diese Phase dem Planspiel vorausschaltet. Hierdurch könnten den Recherchen mehr Raum und Zeit zugestanden werden.

Phase IV: Erste gemeinsame Konferenz aller Abteilungen

Vorstellung, Diskussion und Beschlussfassung von Leitlinien
Dauer: 1 bis 2 Unterrichtsstunden

Bei einer ersten Konferenz treffen sich alle Beteiligten, um die Empfehlungen vorzustellen, die sich aus dem Verlauf und den Ergebnissen der Phasen II und III ergeben haben. In dieser Konferenz sollte die Lehrperson die Rolle der Unternehmensleitung übernehmen, da sie die Schülerinnen und Schüler überfordert. Ort der Besprechung sollte ein in der Mitte des Raumes platzierter gemeinsamer Konferenztisch sein. Schilder mit den Namen der Abteilungen auf dem Konferenztisch unterstreichen die Ernsthaftigkeit des Planspiels. Ein bis zwei Sprecher aus jeder Abteilung sitzen am Konferenztisch, die übrigen Schülerinnen und Schüler setzen sich kreisförmig um den Tisch. Ähnlich wie bei der „Fishbowl-Methode" sollte zusätzlich ein weiterer Stuhl am Konferenztisch platziert werden. Auf ihm kann jeder Platz nehmen, der zu den jeweiligen Diskussionspunkten weiterführende Argumente vortragen möchte. So wird gewährleistet, dass die Besprechung nicht nur von einigen wenigen Beteiligten geführt, sondern letztlich von allen Teilnehmern getragen wird. Neben der stichwortartigen Niederschrift der Ergebnisse empfiehlt es sich, für jede Abteilung ein ausführliches Protokoll anfertigen zu lassen, damit gemeinsame Entscheidungen und Strategien im weiteren Verlauf des Planspiels erläutert, begründet und eventuell auftretende Probleme untersucht werden können.

Phase V: Tagung der Abteilungen

Umsetzung der Leitlinien
Dauer: 2 Unterrichtsstunden

Die in der Konferenz beschlossenen Leitlinien werden in jeder Abteilung bzw. Arbeitsgruppe intensiv besprochen, alle möglichen Argumente und Einwände, die mit ihrer Umsetzung zusammenhängen, diskutiert und entschieden. Die Ergebnisse münden in einen Vortrag, der von allen Beteiligten gemeinsam erstellt und auf der zweiten gemeinsamen Konferenz präsentiert wird. Der Vortrag selbst kann durch den Einsatz moderner Präsentationstechniken (z.B. PowerPoint[2]), aber auch durch Folien, Wandzeitungen, Flip Chart o.ä. veranschaulicht werden.

---

2   Vgl. Heinz Jacobs, Andreas Schalück: Es gilt das gesprochene Wort – Fünfzehn Regeln für die PowerPoint-Präsentation. In: Praxis Politik, Nr. 2/2008

Im Rahmen dieser Phase wäre es auch denkbar und sinnvoll, in einzelnen Klassen der Schule, zum Beispiel in einer Klasse 5, einen oder mehrere *Pretests* zu dem geplanten Plüschtier durchzuführen. Möglich wäre es auch, bei Kindergärten oder in Grundschulen anzufragen. ‚Prototypen' der Plüschtiere, mögliche Werbeplakate oder geplante Werbeaktionen könnten vorgestellt, im Hinblick auf ihre Wirkung auf die Kinder überprüft und ggf. Verbesserungsvorschläge entwickelt werden.

Phase VI: Zweite gemeinsame Konferenz aller Abteilungen

Bericht über den Stand der Umsetzung der Leitlinien und mögliche Entscheidungen über Korrekturen
Dauer: 1 Unterrichtsstunde

Die zweite Konferenz wird nach demselben methodischen Arrangement abgehalten wie die erste. Jede Abteilung legt ihre Entscheidungen in Vortragsform vor. Nach der jeweiligen Präsentation wird über die Empfehlungen im Gesamtplenum diskutiert. Hierbei sollte darauf geachtet werden, dass diese Empfehlungen den Vorgaben der ersten Konferenz entsprechen und nur bei hinreichender Begründung modifiziert werden. Sollten Korrekturen vorgenommen werden, empfiehlt es sich, sie in einem Protokoll festzuhalten. Die getroffenen Entscheidungen sind für die gesamte Lerngruppe verbindlich.

Phase VII: Vermarktung

Simulation von Marktzugängen
Dauer: 1 bis 2 Unterrichtsstunden

Auf der Grundlage der Entscheidungen in Phase VI erstellt eine Gruppe – unter Verwendung der Protokolle – eine zusammenfassende Produktbeschreibung, in der das Produkt, der Distributionsweg, die Werbung und die Preiskalkulation zur Ermittlung des Angebotspreises eingehend erfasst werden. Die anderen Schülerinnen und Schüler beschäftigen sich währenddessen mit anderen Aufgaben der Vermarktung: Sie entwerfen Werbekampagnen, erkunden Vertriebsmöglichkeiten und loten Marktchancen aus. Dabei greifen sie auch wieder auf Ergebnisse ihrer Marktanalysen (Phase III) zurück. Es ist durchaus sinnvoll, den Schülerinnen und Schülern zu empfehlen, sich an Hersteller ähnlicher Produkte mit der Bitte zu wenden, die Marktchancen für ihr Produkt einschätzen zu lassen. Die Erfahrung zeigt, dass Betriebe weit mehr, als man es vorab erwarten würde, bereit sind, auf solche Anfragen einzugehen. Ein Feedback von professioneller Seite wird in der Regel auch dann von Schülerinnen und Schülern angenommen, wenn es kritische Punkte aufdeckt.

Phase VIII: Evaluationen über das Planspiel

Dauer: 1 Unterrichtsstunde

Eine interne Evaluation in der Lerngruppe kann Möglichkeiten und Risiken eines solchen Planspiels aufdecken. Hierbei wäre der Aspekt eines möglichen Lernzuwachses durch eigenständige Bearbeitung – etwa im Vergleich zu fragend entwickelnden Unterrichtsmethoden – in einem Planspiel in den Vordergrund zu stellen. Es ließen sich auch kleinere Evaluationen im Verlauf des gesamten Planspieles einbauen, um mögliche Störungen aufzugreifen und didaktisch-methodische Konsequenzen daraus zu ziehen.

Beispiele: Schülern macht es Probleme, die Beziehungsebene in der Klasse und die Sachebene im erforderlichen Maße zu trennen; der Zeitplan kann nicht immer eingehalten werden; die Abteilungen haben unzureichend die Hausaufgaben bearbeitet.

Phase IX: Lernerfolgskontrollen

Dauer: 2 Stunden inklusive Auswertung

Die Lernerfolgskontrollen überprüfen Basiswissen und Transferleistungen, vor allem der Abteilungen, in denen die Schülerinnen und Schüler in der vorherigen Gruppenphase nicht unmittelbar beteiligt waren. Hierzu gibt es verschiedene Möglichkeiten:

- Eine Möglichkeit der Lernerfolgskontrolle kann mittels *Lernstationen* erfolgen, die sich jeweils auf die vier Abteilungen beziehen:
  Produktpolitik 💿 5.4.1.1 und 5.4.1.2
  Distributionspolitik 💿 5.4.2
  Kommunikationspolitik 💿 5.4.3.1-5.4.3.3 sowie
  Preis- und Konditionenpolitik 💿 5.4.4.1 *und* 5.4.4.3
  Die Vorschläge zu den jeweiligen Lernstationen sollten alternativ eingesetzt werden.
- Eine andere Möglichkeit der Lernerfolgskontrolle bietet ein *Test*. Hierzu wird bewusst ein umfangreiches Angebot an Fragen zu jeder Abteilung präsentiert 💿 5.5, um unterschiedliche Kontrollverfahren anzuregen. Den Schülerinnen und Schülern können

aus allen Abteilungen je nach Unterrichtsverlauf gleichwertig oder mit Schwerpunkten Fragen vorgelegt werden, die Auswahl kann sich aber auch auf jede einzelne Abteilung beschränken und so der Selbstkontrolle der Gruppen zu ihrem Arbeitsschwerpunkt dienen. Eine dritte Möglichkeit besteht darin, die Fragen so auszuwählen, dass für jede Gruppe der jeweils eigene Arbeitsschwerpunkt ausgespart bleibt. Besonders attraktiv dürfte es sein, die Schülerinnen und Schüler jeder Abteilung zu motivieren, einen eigenen Test zu erstellen, indem sie Fragen aus ihrem Arbeitsschwerpunkt formulieren und den anderen Arbeitsgruppen zur Beantwortung vorlegen. ⊙ 5.6 enthält alle Lösungen der angeboten Lernerfolgskontrollen.

3. Literatur und Web-Tipps

- Es können die Webseiten der Anbieter von Plüsch- und Kuscheltieren aufgerufen werden.
- Das Online-Familienhandbuch des Staatsinstituts für Frühpädagogik (IFP):
  Michael Schnabel: Sind Kuscheltiere für Kinder sinnvoll? In:
  http://www.familienhandbuch.de/cmain/f_Aktuelles/a_Erziehungsfragen/s_1885.html
- producto AG, Kreuzbergstraße 30, 10965 Berlin, Testberichte zu Kuscheltieren, in:
  http://www.testberichte.de/testsieger/level3_spielzeug_kuscheltiere_562.html
  Die Seite gibt auch wichtige Hinweise zu Anforderungen an den Umwelt- und Gesundheitsschutz.

Übersicht über die Materialien 💿 5.0

5.1	Basiswissen für die gesamte Lerngruppe: Wie arbeitet ein Unternehmen?
5.1.1	Aufgabenstellung
5.1.2	Schülerheft-Materialien, S. 50-59
5.1.3	Glossar
5.2	Marktanalyse: Anleitungen zu Recherchen
5.3	Schülerheft-Materialien zur Entwicklung eigenständiger Konzeptlösungen S. 60-83
5.3.1	Abteilung Produktpolitik
5.3.2	Abteilung Distributionspolitik
5.3.3	Abteilung Kommunikationspolitik
5.3.4	Abteilung Preis- und Konditionenpolitik
5.4-5.5	Lernerfolgskontrollen
5.4	Lernstationen[3]
5.4.1.1	Produktpolitik (Kreuzworträtsel)
5.4.1.2	Produktpolitik (Test)
5.4.2	Distributionspolitik (Test)
5.4.3.1	Verena Jonas, Manfred Rüsel, Sven Sebetzky, Ruth Voss: Kommunikationspolitik (Clip-Analyse)
5.4.3.2	Christoph Müller: Kommunikationspolitik (Kreuzworträtsel)
5.4.3.3	Falk Paysen, Sefa Tongul: Kommunikationspolitik (Domino)
5.4.4.1	Boris Vieser: Preis- und Konditionenpolitik (Test)
5.4.4.2	Kristina Hense: Preis- und Konditionenpolitik (Domino)
5.4.4.3	Jörg Kopplin, Johannes Poensgen: Preis- und Konditionenpolitik (Kalkulation)
5.5	Wissenstest
5.6	Aufgabenlösungen
5.6.1	Lernstationen
5.6.2	Wissenstest

---

3 Die Verfasser danken den Teilnehmerinnen und Teilnehmern der Sommerakademie Bad Honnef, die die Lernstationen 5.4.3 und 5.4.4 erstellt haben.

Andreas Bindl, Andreas Schalück

VI. Der Strommarkt – Spielerischer Zugang zu einem Kartell

1. Didaktische Zugänge zum Thema Strommarkt

Auf den ersten Blick erscheint es recht problematisch, das Thema Strommarkt im Unterricht zu behandeln: zu komplex, zu spezifisch, zu wenig schülerorientiert. Die Unterrichtserfahrungen zeigen jedoch das Gegenteil: Die Debatte um die steigenden Strompreise und mögliche Vermeidungsstrategien ist längst in den Familien angekommen, viele Schülerinnen und Schüler kennen die aktuellen Kontroversen um die langfristige Sicherung der Stromenergie. Auch aus Gründen didaktischer Reduktion und der Unterrichtsökonomie erweist sich das Thema als sinnvoll, weil inhaltliche Synergieeffekte genutzt werden können. Die durch die verkürzte Schulzeit knapper gewordene Unterrichtszeit erfordert ein Unterrichtsmodell, das verschiedene Inhaltsbereiche wie in einem Brennspiegel fokussiert: Markt und Marktversagen, Kartelle, Verbraucherpolitik, Konsumentensouveränität, Umwelt- und Sozialpolitik. Somit bietet sich hier die Chance, exemplarisch grundlegende politische, wirtschaftliche und soziale Sachverhalte zu vermitteln und mit aktuellen und motivierenden Fragestellungen zu verknüpfen. Diese Zielsetzungen ermöglichen zwei inhaltliche Schwerpunkte, die aus Gründen der Übersichtlichkeit hier voneinander getrennt, durch die Konzeption der spielerischen Simulation eng miteinander verknüpft sind:

a) Grundlagenwissen, das durch das Spiel z.T. vermittelt, z.T. als notwendig erachtet wird vermittelt zu werden:

- Kenntnisse über die Entstehung des Strompreises: Wer ist für den Strompreis verantwortlich? Wer profitiert von hohen Strompreisen? Welchen Anteil erhält der Staat, welchen die Erzeuger?
- Kenntnisse über den Strommarkt: Welche und wie viele Unternehmen bieten Strom an? Wie laufen die Marktprozesse ab? Wie ist dieser Markt aufgeteilt? Warum Stromkartell?

- Kenntnisse über die Arbeitsweise und Effizienz der Wettbewerbsaufsicht: Welche Möglichkeiten haben das Bundeskartellamt und die Bundesnetzagentur, um missbräuchliche Verhaltensweisen marktbeherrschender Unternehmen zu ermitteln und zu verhindern?

b) Fragestellungen, die durch das Spiel ausgelöst, angeregt und als wichtig erachtet werden, aufgegriffen, problematisiert und vertieft zu werden:

- die Rolle des Kartellamts in der Auseinandersetzung mit den Stromanbietern: Das Kartellamt – ein „zahnloser Tiger" im Kampf gegen das Stromkartell?
- Alternativen zur Durchsetzung eines wirklichen Wettbewerbs auf dem Strommarkt: Sollen Energieproduktion und Netzbetrieb zwangsweise voneinander getrennt werden? Kann diese Trennung mehr Wettbewerb auf dem Energiemarkt ermöglichen?
- mögliche energiepolitische Alternativen: Ein Dorf schafft die Energiewende und versorgt sich selber – ein Modell auch für größere Kommunen? – Energiewende durch Sonnen- und Windkraft – sauberer Strom für alle oder Energieversorgungslücke?
- die Diskussion um die Nutzung der Atomenergie: Ausstieg aus dem Ausstieg? Strompreissenkung durch Verlängerung der Laufzeiten von Atomkraftwerken?
- das Spannungsverhältnis zwischen Ökonomie und Ökologie: Atomkraft heute – eine preiswerte, sichere und umweltfreundliche Alternative zur derzeitigen Energieerzeugung?
- die Haltung der Verbraucher gegenüber den Stromanbietern: Lohnt ein Wechsel des Stromanbieters? Wie kann der Konsument seine Stromkosten senken? Wie kann er gezielt regenerative Energien fördern? Hier bietet sich an, die Schülerinnen und Schüler nach alternativen Stromanbietern suchen zu lassen und ihnen so Möglichkeiten zu eröffnen, eigenverantwortlich als zukünftige Verbraucher zu handeln und ihre Präferenzen auf dem Strommarkt auszuloten.

2. Das Unterrichtsverfahren

Als *Einstieg* bieten wir eine umfangreiche, nach sechs Problembereichen geordnete Zusammenstellung von Zitaten an 🔎 6.1. In ihrer Fülle stellen sie ein bemerkenswertes Zeugnis von Sachinformation und Tatsachenverschleierung, Vorurteilsbildung und Interessenartikulation, von Schuldzuweisung, Unter- und Übertreibung, Vermutung und Überzeugung dar. Bei allem Respekt vor ihren Autoren spiegeln sie im Grunde genommen allgemeine gesamtgesellschaftliche Überzeugungen, Vermutungen, Hoffnungen und Ängste wider und eignen sich deshalb hervorragend dazu, das Thema motivierend aufzuschließen. Über diese Zitate kann der Lehrer nach eigenem Belieben verfügen. Er kann sie selbst ergänzen und aktualisieren oder seine Schülerinnen und Schüler dazu auffordern. Er kann sie alle präsentieren oder einzelne auswählen oder auch diese Aufgabe dem Kurs übertragen. Entscheidend für den Erfolg des Unterrichtsprozesses dürfte sein, wenn es dem Lehrer gelingt, ausgewählte Zitate als kontrastiven Einstieg nutzen, um bei den Schülerinnen und Schülern kognitive Dissonanzen zu erzeugen. Sie sollten zur erkenntnisleitenden Richtschnur der Unterrichtseinheit werden und vor allem auch die Auswertung der Simulation beeinflussen.

Im Mittelpunkt steht ein Spiel, das die Inhaltsbereiche Markt, Angebot und Nachfrage, Kartelle, Monopole und Oligopole[1] am Beispiel des Strommarktes aufgreift, indem es reale Gegebenheiten in idealtypischer Weise auf diesem Markt zu simulieren versucht. Es ist für die Sekundarstufe II konzipiert, kann aber in vereinfachter Form schon in der Sekundarstufe I gespielt werden.

Eine kurze Recherche zu der „Strombörse" bei Wikipedia ergibt, dass dort zeitlich abgegrenzte Mengen an Strom gehandelt werden. Die Preisbildung erfolgt nach dem Prinzip eines Spotmarktes aufgrund von Angebot und Nachfrage[2] 6.2.3.

---

1 Vgl. DER SPIEGEL 11/2007: „Kartell der Preistreiber", S. 76 ff.
2 Vorlesung Energiewirtschaft der Universität Clausthal Kapitel 6, Stromhandel: http://www.iee.tu-clausthal.de/fileadmin/downloads/Scripte/SS8819K6_25_06_2008.pdf

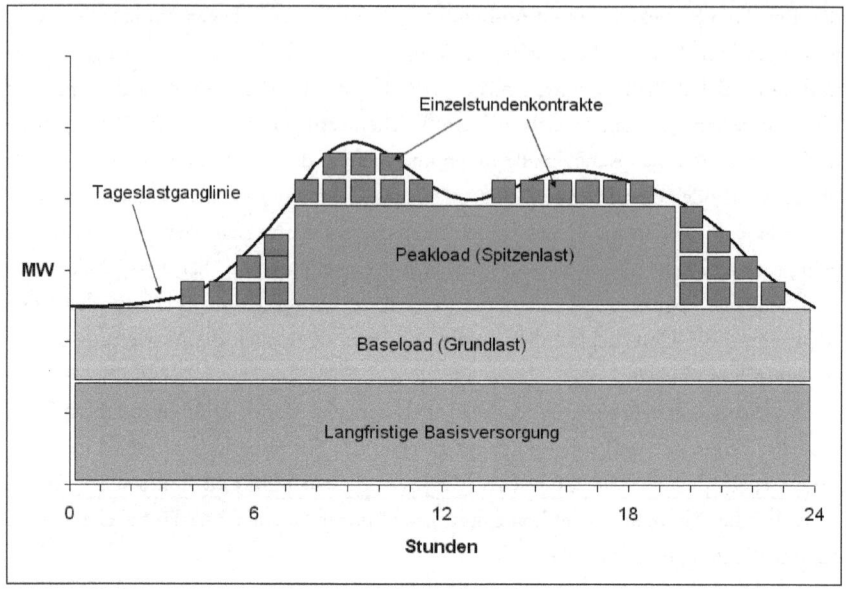

Grafik „Einzelstundenkontrakte"[3]

Dieses Prinzip wird in der Simulation aufgegriffen. Eine Spielrunde entspricht also einer Stunde, und der Strompreis für diese Einzelstundenkontrakte muss bestimmt werden. Dazu liegen vor:

a) umfangreiche Informationsmaterialien für den Lehrer zum Spielablauf, zu den Rollenkarten und den Besonderheiten des Strommarktes ☉ 6.2.

b) Rollenkarten mit drei Anbietern (Stromerzeugern) ☉ 6.3.1 und sieben Nachfragern (Stromabnehmern) ☉ 6.3.2 inklusive der entsprechenden Orderformulare für das Bietverfahren ☉ 6.3.3.

c) die Rollenkarte des Börsenmaklers, der von einer Gruppe von Schülerinnen und Schülern gespielt werden sollte, da er die wichtigste Funktion in diesem Spiel innehat ☉ 6.3.4.

---

3 http://de.wikipedia.org/w/index.php?title=Datei:Stromb%C3%B6rse_Stromverbrauch_Lastprofil.png&filetimestamp=20041006175635

Die Rollenkarten können je nach Kursgröße mehrfach besetzt werden. Sie besitzen Vorgaben, die die Rahmenbedingungen abstecken, also die Erzeugungskosten des Stroms[4] und die Mengen. Sie sind bewusst einfach gehalten, zum Beispiel tauchen in der Gewinn-/Verlustrechnung weder Personalkosten noch sonstige Kosten auf. Dies kann der Lehrer bei Bedarf beliebig ändern und die Rollenkarten erweitern. Hier steht allerdings zunächst der spielerische Charakter – das Ausprobieren im Vordergrund. Zusätzlich werden noch Elemente des Zufalls (Würfelelemente) eingebaut, um das Spiel flexibel zu gestalten.

Die Aufgabe der Schülerinnen und Schüler besteht darin, als Nachfrager eine Order an den Börsenmakler zu formulieren, auf der der jeweilige Bedarf der Firma eingetragen wird. Des weiteren muss ein Maximalpreis genannt werden, zu dem der Strom höchstens bezogen wird. Die Firmen können dazu mit einem Teil ihrer Einnahmen kalkulieren. Als Orientierung kann der Lehrer hier ca. 15 € pro MWh nennen – die Preisermittlung in der ersten Spielrunde funktioniert aber auch ohne diese Vorgabe.

Auf der Anbieterseite ermitteln die Stromanbieter ihre Preise in Abhängigkeit von ihren Grenzkosten ☺ 6.2.3 und formulieren ebenfalls eine Order an den Börsenmakler, auf der sie die Menge und den Mindestpreis eintragen.

Beispiele für eine Order:

Order Stromerzeuger XY:

Ich bin bereit, für mindestens 24 € die Menge von 700 MWh zu verkaufen. 300 MWh kann ich schon zu 20 € verkaufen.

Order Stromabnehmer XY:

Ich bin bereit, für maximal 28 € die Menge von 500 MWh zu kaufen. 300 MWh beziehe ich billigst.

Ziel der Energieerzeuger ist es, einen möglichst hohen Gewinn zu erzielen. Die Stromabnehmer dagegen versuchen, ihre Kosten möglichst gering zu halten. Es ist dabei möglich, auf Anbieter- und Nachfragerseite die Order zu stückeln, d.h. verschiedene Mengen zu verschiedenen Preisen aufzustellen. Dieses Vorgehen unterliegt dem Betriebsgeheimnis und erfolgt deshalb heimlich auf den vorbereiteten Orderformularen ☺ 6.3.3.

---

4 Die Erzeugungskosten orientieren sich an den tatsächlichen Erzeugungskosten. Atomstrom ist z.B. billiger als Kohlestrom.

Den Preis ermittelt im Anschluss an jede Spielrunde der Börsenmakler, der sich einer Tabelle bedient und schematisch die jeweilige Order dort einträgt ☉ 6.4.1. Möglich ist auch, dass der Börsenmakler die eingehenden Order in eine Excel-Datei eingibt ☉ 6.4.3. Wird sie über den Beamer vergrößert, können alle Beteiligten jederzeit die Entwicklung auf dem Bietermarkt mitverfolgen. Die Tabelle des Orderbuches oder der Excel-Datei gibt die Koordinaten der Angebots- und Nachfragekurve wieder, die im Anschluss an die Spielrunde auch von den Schülerinnen und Schülern graphisch umgesetzt werden kann, Anregungen siehe ☉ 6.2.3 und ☉ 6.4.3 (Excel-Datei). Der resultierende Schnittpunkt entspricht dem Strompreis der jeweiligen Runde, mit dem dann entsprechend den Order-Eingaben der Handel vollzogen wird.

Die ersten Spielrunden dienen hauptsächlich dazu, die Regeln zu verstehen und das Spiel zu erfassen. Nach etwa zwei Runden kann der Lehrer Ereigniskarten einsetzen ☉ 6.5. Hier bietet es sich beispielsweise an, die Kraftwerkbesitzer zu einem Geschäftstreffen zu bitten – natürlich unter Ausschluss der Öffentlichkeit (Kartellbildung), einen Störfall in einem Atomkraftwerk zu melden (Angebotsverknappung) oder den Markt europaweit zu öffnen (Konkurrenz). Ebenso können über die Ereigniskarten aktuellste Ereignisse in das Spiel eingebaut werden, z.B. Entscheidungen der Bundesnetzagentur.

Diese „Ereignisse" brauchen nicht alle zwangsläufig durchgespielt zu werden, sondern können nach ein paar Spielrunden vor dem Hintergrund der Spielergebnisse auf mögliche Konsequenzen für den Strommarkt, aber auch für weitere wirtschaftliche, politische und soziale Folgen mit den Schülerinnen und Schülern diskutiert werden. Das Spiel gibt hier den konkreten Bezug, und die Rollenidentifikation wird ebenfalls dazu beitragen, die Motivation zu erhöhen.

Die unvermeidliche Preiserhöhung bei einer Kartellbildung liefert die Steilvorlage für die *nachfolgende Besprechung*. Durch die Rollenerfahrungen wird dabei z.B. der abstrakte Begriff eines Oligopols oder Kartells für die Schülerinnen und Schüler greifbar gemacht. Erfahrungswerte zeigen, dass die Struktur des Marktes und der Marktteilnehmer so viel besser durchdrungen werden und interessante Impulse für die weitere Unterrichtsreihe aus dieser Spielreflektion entstehen können: Was passiert, wenn jemand aus dem Kartell ausschert? Gibt es auch ein Nachfragerkartell? Welche Manipulationsmöglichkeiten gibt es an der Strombörse? Sollte (oder muss) der Staat die Strombörse kontrollieren?

Sinnvoll ist auch, wenn in die Auswertung des Spiels weitere Anregungen einfließen, die aus der Einstiegs-Beschäftigung mit den Zitaten stammen. Sie könnten aufgegriffen und thematisch behandelt werden und so entscheidend zur Vertiefung und differenzierten Urteilsbildung beitragen.

3. Literatur und Web-Tipps

DER SPIEGEL 11/2007: „Kartell der Preistreiber", Seite 76 ff.
DER SPIEGEL 12/2007: „Die Rache der Geprellten", Seite 96 ff.
VIK Gutachten: „Preisbildung und Marktmacht auf den Elektrizitätsmärkten in Deutschland".
  Dresden 2007
Vorlesung Energiewirtschaft der Universität Clausthal Kapitel 6, Stromhandel: http://www.
  iee.tu-clausthal.de/fileadmin/downloads/Scripte/SS8819K6_25_06_2008.pdf

Übersicht über die Materialien 💿 6.0

6.1	Zitatensammlung
6.1.1	Markt und Preise
6.1.2	Markt und Wettbewerb
6.1.3	Ausstieg oder Ausstieg aus dem Ausstieg?
6.1.4	Sozialpolitik
6.1.5	Verbraucherpolitik
6.1.6	Umweltpolitik
6.2	Informationen für den Lehrer
6.2.1	Informationen zum Spielablauf
6.2.2	Informationen zu den Rollenkarten
6.2.3	Informationen zum Strommarkt
6.3	Rollenkarten
6.3.1	Rollenkarten Anbieter (Stromerzeuger)
6.3.2	Rollenkarten Nachfrager (Stromabnehmer)
6.3.3	Orderformulare
6.3.4	Rollenkarte Börsenmakler
6.4	Orderbuch
6.4.1	Orderbuch leer
6.4.2	Erläuterungen zum Orderbuch
6.4.3	Orderbuch (Excel-Datei)
6.5	Ereigniskarten

best practises

VII. Gregor Pallast: Das Fischereispiel
Gregor Pallast: Das Inselspiel „Geld"
Kristina Gebhardt: Das Modellspiel
„Preisbildung auf dem Apfelmarkt"

1. Gregor Pallast: Das Fischereispiel oder die Tragödie der Gemeingüter[1]

Zum Thema „Fischfang" als Beispiel für die Problematik der Gemeingüter gibt es Unterrichtsspiele in vielen Variationen[1]. Die hier vorgestellte Version erfüllt zwei Kriterien: Sie ist in der Durchführung unkompliziert und erlaubt ein hohes Maß an Schüleraktivität. Besonders das spielerische, wettkämpfende Element, das in dieser Simulation nicht zu kurz kommt, hat in der Praxis hohe Schülermotivation erzeugt. Geeignet ist die Konzeption im Prinzip – natürlich auf niedrigerem Abstraktionsniveau – bereits für Unter- und Mittelstufe. Sie wird im Folgenden allerdings so vorgestellt, wie sie in der Jahrgangsstufe 11 mehrfach erfolgreich durchgeführt wurde.

Eingebettet in die Thematik „Marktwirtschaft" lässt sich die Simulation beispielsweise an die Einführung des vollkommenen Marktmodells anfügen. Die Schülerinnen und Schüler haben kennen gelernt, dass Angebot und Nachfrage im freien Spiel der Marktkräfte zu Gleichgewichtspreis und -menge führen und dass in diesem Fall die Wohlfahrt maximal ist. Einwänden von Schülerseite, sollten diese denn kommen, kann der Lehrer damit begegnen, dass dies zumindest dann der Fall ist, wenn wichtige Prämissen wie das Vorhandensein eines Polypols, Markttransparenz, das Fehlen persönlicher Präferenzen etc. gegeben sind. Um diesen Optimismus bezüglich der Selbstheilungskräfte des Marktes zu revidieren, wird nun folgende Situation geschaffen:

Die Schülerinnen und Schüler rücken Tische und Stühle an die Seite und schaffen eine möglichst große freie Fläche in der Mitte des Kursraums. Ideal ist es, wenn ein größerer

---

1   Siehe auch S. 15

Raum, z.B. die Aula genutzt werden kann. Der freie Raum wird zum Ozean erklärt, in dem Fische schwimmen. Die Fische werden durch Bonbons symbolisiert, die nun in der Mitte des Raumes auf dem Boden verteilt werden. Pro Schülerin oder Schüler gibt es zwei Fische im Ozean. Die Bonbons haben so lange keinen Besitzer, bis sie einer aufhebt. Die Schülerinnen und Schüler sollen nun als Fischer auf Fischfang gehen. Der Lehrer achtet auf die Einhaltung der Regeln. Grundlage des Spiels ist das Arbeitsblatt ⊙ 7.1.1.

In der ersten Phase haben die beteiligten Schülerinnen und Schüler nach dem Startsignal etwa eine Minute Zeit, um Fische zu fangen (Bonbons zu sammeln). Nach dem Ende dieser „Fangsaison" regenerieren sich die von ihnen nicht gefangenen Fische, d.h. der doppelte Bonbonbestand am Ende der ersten Runde ist Anfangsbestand der Runde zwei. Allerdings liegt das Bestandsmaximum bei 100 Fischen. Eine größere Population ist nicht lebensfähig.

Obwohl diese Rahmenbedingungen vor Beginn der Fangsaison bekannt sind, ist erfahrungsgemäß die Ressource jedoch schon nach der ersten Runde vollständig erschöpft. Nach Wunsch kann der Spielleiter dennoch für eine zweite Runde vier weitere Bonbons in den Raum geben, die zwei Fische symbolisieren, die in der ersten Saison den Netzen entgangen sind und sich reproduziert haben. Spätestens jedoch, wenn diese beiden gefangen worden sind, ist die erste Phase der Simulation zu Ende. Nach jeder Runde wird der erfolgreichste Schüler oder die erfolgreichste Schülerin als Sieger gekürt. Zumindest diese(r) sollte seine Bonbons behalten dürfen, um die Motivation zu erhalten, weiter zu fischen.

Die Auswertung ergibt schnell, dass die Prämissen des vollkommenen Marktes im Kursraum erfüllt waren – jedoch das Ergebnis verheerend ausfällt. Bei diesen Fischen muss es sich also um ein besonderes Gut handeln, dessen Eigenschaften festzuhalten sind: Es gibt zunächst keine Eigentumsrechte an der Ressource, sie hat somit bis zum Fang keinen Preis, und den Fischern ist zwar die Situation bekannt, ihre Rivalität jedoch nicht direkt erfahrbar. Außerdem wird niemand von der Nutzung der Ressource ausgeschlossen.

In der zweiten Phase gilt es, Ideen zu entwickeln, wie die Vernichtung der Ressource zu verhindern sein könnte. Diese Vorschläge sollen einerseits in der Realität umsetzbar sein, aber auch gleichzeitig auf die Spielsituation übertragen werden, um sie durch Simulationshandeln direkt auf ihre Tauglichkeit hin überprüfen zu können. Klassische Vorschläge der Schülerinnen und Schüler sind:

- eine kürzere Fangsaison
- kleinere Netze oder kleinere Boote sowie
- die Beschränkung der Fangmenge (Fangquoten).

Die Ideen werden gesammelt, im Folgenden umgesetzt und ihre Eignung unmittelbar bewertet, indem die Produktivität der Fischer, die Kontrollkosten für die Einhaltung der Regeln sowie die Auswirkungen auf den Fischbestand mit der Ausgangssituation verglichen werden. Für jede Umsetzung stelle der Lehrer deshalb die ursprüngliche Situation her, d.h. zwei Bonbons je Schülerin und Schüler.

- Die kürzere Fangsaison (Zeitrestriktion) kann erfahrungsgemäß auf bis zu fünf Sekunden reduziert werden, ohne dass die Ressource Fisch eine Chance hätte. Um dieselbe Menge Fisch in kürzerer Zeit zu fangen, muss in dieser Zeit natürlich ein größerer Aufwand betrieben werden, so dass die Produktivität insgesamt sinkt. Die Kontrollkosten sind in diesem Fall sehr gering, da nur kontrolliert werden muss, ob überhaupt zu einer bestimmten Zeit gefischt wird.
- Die gesunkene Produktivität ist für die Schülerinnen und Schüler in der Simulation im Fall der Kapitalrestriktion noch besser erfahrbar. Die kleineren Boote bedeuten, dass sie häufiger den Hafen anlaufen, also die Bonbons einzeln auf einem Tisch ablegen müssen. Kleinere Netze werden durch Schikane beim Aufheben der Bonbons (beispielsweise nicht mehr mit der Hand) in die Simulation übertragen. Die Kontrollkosten nehmen jeweils zu. Die Ressource Fisch wird auch erfahrungsgemäß diese Restriktionen der Fischerei nicht überleben.
- Schließlich kommt die Vergabe von Eigentumsrechten an die Reihe. Für die Schülerinnen und Schüler ist es in der Regel einleuchtend, dass jeder ein Bonbon nehmen darf und somit die Ressource von Runde zu Runde auf einem gleichbleibenden Niveau bleibt. Die Kontrollkosten sind erheblich, jedoch stellt sich mit dieser Variante ein nachhaltiger Erfolg ein.

Das Lösungsblatt ☉ 7.1.2 enthält hierzu alle relevanten Informationen im Überblick.

Somit ist es innerhalb einer Stunde gleich mehrfach gelungen, die Schülerinnen und Schüler nicht nur handeln zu lassen und die Folgen ihres Handelns zu analysieren, sondern auch anschließend Handlungsempfehlungen abzuleiten, diese unmittelbar zu erproben und zu evaluieren. Je nach zeitlichen Möglichkeiten und unterrichtlichen Zielvorstellungen können diese Simulation und ihre Ergebnisse nachbereitet, vertieft und in ihrer politischen Brisanz ausgewertet werden, indem auf weitere Beispiele für freie oder öffentliche Güter eingegangen wird oder die Schülerinnen und Schüler diskutieren, wie die Fangquoten zu vergeben sind. Denn die Frage, ob diese kostenlos sein oder verkauft werden sollen, wie viele es sein sollen und wie die Fischer damit bedacht werden, ist auch im Kursraum nicht leicht zu beantworten, geschweige denn in der Realität. In dieser dritten Phase der Simulation könnten so z.b. die Schülerinnen und Schüler dazu angeleitet werden, im weiteren Unterrichtsverlauf eigenständig Regeln inklusive Kontrollen und Sanktionen zu entwickeln, die eine von allen Beteiligten gemeinsam getragene und verantwortete Nutzung der Ressource Fisch nachhaltig sichern.

2. Gregor Pallast: Das Inselspiel „Geld"

Einen dankbaren Rahmen für die Erarbeitung ökonomischer und politischer Inhalte in der Unter- und der frühen Mittelstufe bietet das so genannte Inselspiel. Den Schülerinnen und Schülern erzählt der Lehrer zu Beginn, dass sie im Klassenverband eine Kreuzfahrt in der Karibik gewonnen und angetreten hätten. Das Schiff sei dann gesunken, jedoch habe sich die Klasse vollzählig, aber ohne Erwachsene auf eine einsame, unbewohnte Insel retten können.

In dieser Ausgangssituation findet nun der politische und ökonomische Unterricht statt, indem die Schülerinnen und Schüler vor Probleme gestellt werden, die sie im Klassenverband lösen müssen. Verschiedene Inhalte lassen sich auf diese Weise handlungs- und problemorientiert sowie mit einem hohen Maß an Selbstständigkeit der Schüler erarbeiten, z.B. der nachhaltige Umgang mit Ressourcen, die Vor- und Nachteile verschiedener Wahlverfahren oder die Funktion und Ausgestaltung von Sanktionen bei Regelverstößen. Wie ein solcher Unterricht gestaltet werden kann, soll im Folgenden anhand des Beispiels der Einführung des Themas „Geld" erläutert werden.

Einleitend sollen zunächst den Schülerinnen und Schülern die drei Funktionen des Geldes nähergebracht werden. Dazu werden sie vor folgendes Problem gestellt, siehe 👁 7.2.1:

1. Person A hat zu viel Fisch und braucht Holz.
2. Person B hat Holz übrig, braucht aber keinen Fisch. Dafür braucht
3. Person B Hilfe bei einer Aufgabe, die sie nur von Person C bekommen kann.
4. Person C braucht aber weder Fisch noch Holz, sondern hätte gerne ein paar Kokosnüsse, die Person D übrig hat.
5. Person D hat Kokosnüsse übrig – braucht selber im Moment aber nichts von den anderen.
6. Person E hätte gerne zwei Fische und könnte selbst angebaute, süße Beeren anbieten (beliebt bei allen Inselbewohnern). Die Beeren sind aber frühestens in einer Woche reif.

In der Regel beginnen die Schülerinnen und Schüler, Konstruktionen zu entwickeln, die einen Tausch der Inselbewohner untereinander ermöglichen. Dies ist nur nach längerer Diskussion und unter Annahme weiterer Bedingungen möglich, beispielsweise dass Person D auch am Tausch teilnimmt, obwohl sie derzeit nichts erwerben möchte. Wenn erkannt wird, dass auf diese Weise allein aufgrund des Aufwands nicht jeder Tausch ablaufen kann, taucht die Frage auf, wie viel Holz Person A denn nun für seinen Fisch bekommt oder was passiert, wenn der Tausch auf der Insel nicht schnell genug organisiert wird, um den Fisch nicht verderben zu lassen. Erfahrungsgemäß mündet die Diskussion in den Vorschlag, „eine Art Geld einzuführen". Die Gründe hierfür sind aufgrund des Beispiels nachvollziehbar, und die Schülerinnen und Schüler können nun selbst die drei Funktionen dieses Geldes entwickeln und formulieren: Tauschfunktion, Wertaufbewahrungsfunktion und Recheneinheit.

In einem zweiten Schritt ist zu klären, was auf der Insel als Geld in Frage kommt. Anhand der Diskussion der Eignung der von den Schülerinnen und Schülern hierfür vorgeschlagenen Gegenstände lassen sich die Eigenschaften des Geldes erarbeiten: knapp, allgemein anerkannt, teilbar, haltbar sowie leicht aufzubewahren und zu transportieren.

Bei Erprobungen dieser Vorgehensweise hat sich gezeigt, dass Schülerinnen und Schüler der sechsten Klasse sogar eine einfache Form des Giralgeldes entwickeln, indem ein Schüler vorschlug, man könne in einer Höhle auf der Insel für jede Person Striche an die Wand malen, die einem bestimmten Wert entsprechen, und bei Transaktionen durch einen Beauftragten bei einer Person weggewischt und einer anderen zugeschlagen werden.

Auch Inflation lässt sich auf diese Weise behandeln – sogar unter Verwendung der Konzepte Waren- und Geldmengenwachstum. Angenommen, die Schülerinnen und Schüler haben sich auf Muschelketten als Insel-Währung geeinigt und der Lehrer gibt vor, jeden Tag werde eine konstante Menge Kokosnüsse gepflückt und auf dem Markt angeboten. Nun steige die Nachfrage nach Kokosnüssen. Es würden aber nicht mehr Kokosnüsse gepflückt, sondern die Nachfrager produzierten zusätzliche Muschelketten. Die Auswirkungen auf Handelsvolumen und Preis sind den Schülerinnen und Schülern an dieser Stelle einsichtig und brauchen lediglich mit Fachbegriffen benannt zu werden.

Auf ähnliche Weise lassen sich mit ein bisschen Phantasie und geschickter Dramaturgie „auf der Insel" zahlreiche Unterrichtsinhalte erarbeiten. Es gilt lediglich, zwei Prinzipien einzuhalten: Die Schülerinnen und Schüler erhalten das jeweilige zu lösende Problem, ohne dass ihnen explizit genannt wird, welcher fachliche Inhalt hierdurch transportiert werden soll, und vergleichen ihre eigene Lösung im Anschluss mit politischen bzw. ökonomischen Vorgängen und Strukturen in Deutschland.

3. Kristina Gebhardt: Das Modellspiel „Preisbildung auf dem Apfelmarkt"

Das Simulationsexperiment von Bergstrom/Miller[2] stellt eine schöne Möglichkeit dar, den Fachinhalt „Preisbildung" handlungsorientiert einzuführen. Vorkenntnisse zur Preisbildung sind nicht erforderlich, für die anschließende Auswertung ist es jedoch vorteilhaft, wenn das Modell des homo oeconomicus und die Kritik am Modell bekannt sind. Die Schülerinnen und Schüler übernehmen die Rollen von wirtschaftlichen Akteuren und treffen in diesen Rollen ökonomische Entscheidungen. Die Methode gewährleistet, dass sie ihren Beitrag als Konsumenten am Zustandekommen von Preisen reflektieren und sich mit der Rolle der Produzenten auseinandersetzen, deren Entscheidungsprozesse sie nachvollziehen. Da die Spielwelt, in der sich die Schüler bewegen, modellhaft gestaltet ist (eben ein „Spiel" ist), können sie den Prozess der Modellbildung schrittweise nachvollziehen. Dies ist die Voraussetzung für ein tieferes Verständnis des Modells, wodurch wiederum eine kritische Beurteilung seines Erklärungsgehalts begünstigt wird.

Das Konzept

Das Modellspiel hat sich im Wirtschaftsunterricht der Sekundarstufe II bewährt. Es kann in einer Unterrichtsstunde durchgeführt werden. Für eine vertiefte Auswertung sollte möglichst eine weitere Stunde eingeplant werden.

Im Spiel übernehmen die Schülerinnen und Schüler die Rolle von Käufern und Verkäufern auf dem Apfelmarkt. In mehreren Runden sollen sie jeweils auf der Grundlage der Informationen ihrer persönlichen Rollenkarte den Preis für eine Kiste Äpfel aushandeln. Dabei gilt es, einen möglichst geringen Preis zu bezahlen bzw. möglichst viel Gewinn zu erzielen. An der Tafel werden die Preisabschlüsse der einzelnen Runden protokolliert.

Die Verlaufsstruktur

Zunächst werden die Schülerinnen und Schüler über die Durchführung des Spiels und die grundlegenden Spielregeln informiert ☺ 7.3.1 und erhalten anschließend ihre Rollenkarten ☺ 7.3.2-7.3.3[3]. Jeder Spielteilnehmer erhält eine Karte, die nur er selbst einsehen

---

2 Theodore Bergstrom, John Miller, a.a.O., S. 3-38
3 Die Regelübersicht und die Rollenkarten der Schüler sind angelehnt an: Andrea Haus, a.a.O.

darf. Die Nummer der Karte (vom Lehrer handschriftlich einzufügen) zeigt dem Käufer an, über welches Geld er in jeder Runde verfügen kann („Budget"), und dem Verkäufer, zu welchem Preis er produziert hat („Produktionskosten"). Bei der Auswahl der Werte muss darauf geachtet werden, dass theoretisch möglichst viele Geschäftsabschlüsse zustande kommen können. Hierzu sollte entsprechend die durchschnittliche Höhe des Wertes der Karten der Käufer über dem der Verkäufer liegen. Ein Beispiel:

Budgets Käufer in EUR	15, 15, 16, 16, 17, 17, 18, 18
Produktionskosten Verkäufer in EUR	10, 10, 11, 11, 12, 12, 13, 13

Zwei weitere Schülerinnen oder Schüler übernehmen die Rolle von Marktleitern (sind also weder Käufer noch Verkäufer) und erhalten über ihre Rollenkarte den Auftrag, den Spielverlauf in Form einer Tabelle an der Tafel zu protokollieren ☞ 7.3.4.

Nachdem im Kursraum genügend Platz für eine Marktfläche geschaffen wurde, auf der sich Verkäufer und Käufer begegnen können, wird das Spiel in einzelnen Runden durchgeführt.

Die Spielleitung sollte vom Lehrer übernommen werden, da er über die notwendige Übersicht verfügt zu entscheiden, ob möglicherweise Runden schon früher abgebrochen werden können oder zusätzliche Runden nötig werden. Die einzelnen Runden werden vom Spielleiter z.B. mit Hilfe einer Glocke „eingeläutet" und beendet. In jeder Runde kann ein Akteur nur eine Kiste Äpfel erstehen bzw. verkaufen.

Auf das Zeichen des Spielleiters treten Käufer und Verkäufer auf der Marktfläche in Verhandlung. Der ausgehandelte Preis muss die Kosten des Verkäufers decken und darf das Guthaben des Käufers nicht überschreiten. Die Spielregeln sollten zudem festlegen, dass nur ganzzahlige Preise ausgehandelt werden dürfen und zudem ein Gewinn erzielt bzw. ein Restbudget erhalten bleiben muss.

Haben sich Käufer und Verkäufer auf einen Preis geeinigt, kommen sie zu zweit zur Tafel. Dort dokumentiert einer der Marktleiter den ausgehandelten Preis sichtbar für alle in der Tabelle, wie das folgende Beispiel zeigt:

Preis	Runde 1	Runde 2	Runde 3	Runde 4
10	III			
11	I	I		
12		I	III	
13	II	IIII	II	IIII
14		II	III	IIII
15	I			
16				
17	I			

Wenn kein Spielteilnehmer mehr einen Abschluss aushandeln kann oder alle bereits handelseinig geworden sind, wird die Runde beendet und eine neue Runde eingeläutet. Erfahrungsgemäß stellt sich im Spiel nach etwa 3-4 Runden ein Gleichgewichtspreis ein.

Die Auswertung

Die Auswertung kann auf mehrere Arten erfolgen und hängt vom Vorwissen der Schülerinnen und Schüler (siehe unten: Alternativen) ab. Auch ohne Vorwissen der Schüler können mit diesem Experiment die Begriffe Angebot, Nachfrage und Gleichgewichtspreis eingeführt werden. So kann der Lehrer z.B. nach Offenlegung der Informationen auf den Rollenkarten z.B. den Auftrag geben, eine graphische Übersicht der möglichen Vertragsabschlüsse zu erstellen, und sie so den Gleichgewichtspreis theoretisch ermitteln lassen 👁 7.3.6. Falls sich der Gleichgewichtspreis nicht wie vorhergesehen eingestellt hat, sollten in der Lerngruppe mögliche Gründe hierfür diskutiert werden. Zudem können die Prämissen des vollkommenen Marktmodells im Unterrichtsgespräch erarbeitet werden. Dazu sollte der Lehrer die Schülerinnen und Schüler auffordern, das Spiel mit der Realität zu vergleichen. Die entsprechenden Annahmen des vollkommenen Marktes sollten dann an der Tafel gesichert werden 👁 7.3.9.

Alternativen

• Sollte es Schülerinnen und Schüler mit größerem Vorwissen geben, so kann der Lehrer diesen den Auftrag erteilen, während des Spiels mit Hilfe der nötigen Informationen (d.h. der Kosten- und Budgetstruktur der Käufer und Verkäufer) den Gleichgewichtspreis in einer „Wissenschaftlergruppe" theoretisch zu ermitteln 👁 7.3.5-7.3.6. In der Auswertung kann dann das Ergebnis der Wissenschaftler mit dem Spielausgang verglichen werden, wenn das Ergebnis der Wissenschaftler auf Folie vorliegt.

• Statt Rollenkarten können auch Zahlenkarten aus einem Kartenspiel verwendet werden. Die Vorbereitungszeit wird dadurch verkürzt, der Lehrer verzichtet jedoch auf die Handlungsanweisungen der Rollenkarten.

• Die Rollenkarten können nach jeder Runde gemischt werden. Dies ist zeitintensiver, verhindert jedoch, dass die Schülerinnen und Schüler immer denselben Handelspartner aufsuchen.

• Statt Äpfel können auch andere Produkte gehandelt werden. So gibt es z.B. die Möglichkeit, Auszüge aus dem „Markt von Condate" aus „Asterix und der Kupferkessel"[4] als Stundeneinstieg einzusetzen[4] 7.3.7. Nachdem im Unterrichtsgespräch erarbeitet wurde, was Obelix in dieser Situation falsch macht, können die Schülerinnen und Schüler dann selbst auf dem Markt von Condate um Wildschweine handeln .... und dabei hoffentlich erfolgreicher agieren als Obelix. Die Materialien sind dann entsprechend umzugestalten, siehe die Spielregeln 7.3.8.

4. Literatur und Web-Tipps

Theodore Bergstrom, John Miller: Experiments with Economic Principles: Microeconomics. 2. Aufl., Boston u.a. 2000, S. 3-38
Andrea Haus: Classroom Experiments. Markt- und Preisbildung – Eine Unterrichtseinheit. Schwalbach/Ts. i.E. 2010

---

4   René Goscinny, Albert Uderzo: Asterix und der Kupferkessel. Nachdruck Berlin, Köln 2008, S. 19 ff.

Übersicht über die Materialien 💿 7.0

7.1	Das Fischereispiel
7.1.1	Arbeitsblatt
7.1.2	Lösungsblatt
7.2	Das Inselspiel „Geld"
7.2.1	Arbeitsblatt Geldfunktionen
7.3	Das Modellspiel „Preisbildung auf dem Apfelmarkt"
7.3.1	Die Spielregeln auf dem Apfelmarkt
7.3.2	Rollenkarte Verkäufer
7.3.3	Rollenkarte Käufer
7.3.4	Rollenkarte Marktleiter
7.3.5	Rollenkarte Wissenschaftler
7.3.6	Anleitung zur graphischen Darstellung
7.3.7	Die Spielregeln auf dem Markt von Condate
7.3.8	Auswertung Unterrichtsgespräch und Tafelbild